マス・コミュニケーション単純化の論理
テレビを視る時は、直観リテラシーで

前田 益尚

晃洋書房

マス・コミュニケーション単純化の論理

目　次

はじめに (5)

Chapter 1 見えやすい送り手論 ……… 17

コメンテーターは，無双か (18)
送り手とは，何者か (20)
送り手になる覚悟 (22)
送り手だらけの世界観 (25)
送り手のいる百景 (29)
送り手とは，"うまみ"のある立場なのか (33)
やっぱりメディアは，送り手のもの (35)

Chapter 2 見えやすいメディア論 ……… 39

メディアの視点とは (40)
メディアの精細度 (41)
メディアは不完全だからこそ，おもしろい (44)
ロミオとジュリエットとメディア (45)
開け！メディア (47)
誰でも使えるメディア像 (50)
メディアという物の理（ことわり） (54)
ライジングTV (56)
リテラシーフリー！なメディアとは (59)

Chapter 3 見えやすい内容論 ……… 63

真実とは (64)
そして事実とは (65)
フェイクニュースはなくならない (67)
見方によっては,報道内容など,すべてまがいもの (72)
それでも井戸端会議より,編集会議 (74)
テロをなくすための編集 (75)
ゼロという編集権(ブラックアウト) (79)
処方箋としての解決報道 (82)
そして,報道内容の進化を望む (84)

Chapter 4 そして,使いやすい受け手論 ……… 87

教養としての直観リテラシー (88)
日常で育つ直観リテラシー史 (91)
直観リテラシーの骨子 (95)
受け手とは,無垢な存在なのか (96)
直観リテラシーの条件 (100)
直観リテラシーの基盤(一周目) (102)
直観リテラシーが築く！受け手文化 (108)
個体発想が,系統発想をなぞるとしたら…… (118)
テレビというユートピア (120)
直観リテラシーを研く実習 (123)

あとがき (127)
参考文献 (129)

はじめに

「経済」や「為替」,「自助」,「共助」,「公助」など,西洋の概念を日本語で考えて,探究できるように翻訳と造語を重ねたのは,『学問のすゝめ』の福澤諭吉です。彼は,論説や論文ですら「サルにでもわかるように書け」ということを肝に銘じていたと言われています。

 ## 単純化とは,見えやすさ

本書では,マス・コミュニケーションを構成する各過程を,「送り手」,「メディア」,「内容」,「受け手」とぶつ切りにして,それぞれを理論的ながら,万人にわかりやすく単純化かつ先鋭化して整理します。

例えば,メディアとはそこに込められた内容を運ぶ器であり,その内容とはメディアで運ばれる情報だと捉えます。その上で,器の意義を問うのです。

このように,ひと言で終わってしまう。一文で終わってしまう。一段落で終わってしまう。そういう短絡的でも読みやすい前提を重ねて,誰もが駆使できる簡単かつ有効なリテラシー(読み解き能力)を編み出したいのです。それは,場数を

踏むなど，数値化できない経験値をデータ（論拠）として養われると著者は考えます。

著者が教える大学生ならびに次世代が簡単に使えるリテラシーは，<u>**直観（本質を見抜く眼）**</u>に近い形で身に着けて欲しいのです。そのために本書を，教条主義的なリニアーなテキストにはしていません。4章割りという構成以外，章の内容は，メディア論の開祖，M. マクルーハン（1964）が唱えるテレビ的なモザイク状の組み立てにして，本書自体が新たなメディア論の体現になるべく，デザイン思考で綴りました。読者には，本書をサブテーマでもある直観リテラシーで解読してもらった結果，対メディア戦略のスキルアップとなることを期待しています。

 ## バカにできない！ 学生の粗削りリテラシー

著者は，大学でマス・コミュニケーション論，コミュニケーション論，メディア論などの授業を担当して20年を超えました。その間，学生に講義しながら終了間際に書かせるミニレポートを読んでみると，次世代の感受性の進化に驚いています。

本書の源泉でもある授業をめぐる参与観察から見えた学生の態度は，例えば，鵜呑みというより，「ハイハイ先生のおっしゃりたいことはよくわかりました。」という保守的な開き

直りの姿勢です。他には、クレームというより、「○○はおかしいやんけー！」という返り血を浴びない程度の関西風ツッコミ。さらに、「ここで授業するより、メディアに出て（万人に向けて）言ってください。」という、無関心というより、むしろ協調性を帯びたおまかせの態度。「先生、（のどのがんで手術の後遺症があるのに、）声デカいなー！」という嘲笑というより、愛嬌ある関西風の半笑い。などなど、授業における受講態度に、多様なリテラシーが見て取れます。本書では、それらもベースにして、万人が簡単に使えるリテラシーを編み出します。

　また、著者が所属するのは文芸学部です。メディアおよび内容に関しての授業は、芸術の理論なども引用します。受け手に関する授業では、文学の受容理論も援用してきました。それらを、毎年進化する学生たちの批評精神と照らし合わせながら、理論に練りこみ更新してきたのが著者のマス・コミュニケーション論です。一対多の授業を、マス・コミュニケーションの箱庭のようにシミュレーションして、思考実験することを試みてきた結果、著者の研究は、既存の受け手論には当てはめにくい成果となりました。現在も、マス・コミュニケーションの送り手とメディア／内容の影響を受けた学生たちとの絶えることのない意見交換をヒントに、独自のマスコミ理論を整序し直しています。その上で、次世代がより簡単に使えるメディア対策としての直観リテラシーを編み出す可

能性を探っているのです。

 ## 単純化が効く！

　社会情報の伝達方法として，（上から下への命令系統）上意下達の効率性を重視したマス・コミュニケーションは，近代合理主義の象徴であり，多くの問題点も指摘されてきました。片流れの一方的な情報流通であるマス・コミュニケーションは，多くの市民に隷従する態度しか許さないと考えられてきたのです。では，すべての市民が発信できるインターネットなど，双方向ネットワークが出現した現在は理想的な情報環境かというと，決してそうとは言い切れません。逆にネット社会は，善も悪もなんでもありの情報が氾濫するアナキズムを体現して，無法地帯になる恐れがあるという負の局面も見せています。

　そこで，問題を孕みながらも，今なお社会情報の伝達方法として正統性を残しているマス・コミュニケーションを各過程に見えやすく分解して，その功罪を理論的に検証します。そして解体した結果，アラが見つかれば，新しい世代がより簡単につけ入れる直観リテラシーを開発したいと考えています。

　マス・コミュニケーション論の学説史では，メディアの影響を短絡的に皮下注射に譬えたモデルや弾丸に譬えた強力効

果説がありました。単純化し過ぎて，批判の的に晒された結果，消えていった仮説かのように思われていますが，現在も息づいている環境があります。入院施設のある総合病院では，一床に一台おかれているテレビの影響を考えると，短絡的な効果説が有効なケースもあるのです。著者が2006年，87日間の入院生活でラポール（信頼関係）を紡いだのべ26名の病棟看護師さんへのインタビューで浮き彫りにできたデータがあります。例えば，言語によるコミュニケーションが不全になった重症の患者さんに対して，薄れてゆく意識をつなぎとめるために，枕もとに設置されているテレビの点滅情報は，注射に匹敵する効果があるのだというケースです。意識がしっかりしていた時に欠かさず見ていたドラマや野球中継の光る映像が，記憶を呼び起こすこともあるという話も聴取できました（拙稿「臨床テレビの福祉論」2013）。テレビとは，活字やスクリーンに映し出される映画のように反射光で解読する媒体ではなく，直射光で訴えかけてくるメディアだというのも，弾丸のようなインパクトを与えてくれる条件なのでしょう（拙稿「メディア史の臨界点，テレヴィジョンの映像」2004）。

　そして，意識がしっかりしている著者の情報収集と学究のスタイルも，常に虎視眈々とテレビを視ることです。

テレビ的なわかりやすさ

　マス・メディアは言うに及ばず，すべての受け手が送り手になれるSNS（Social Networking Service）にせよ，情報とは元来虚実入り乱れるものです。結果プライバシーは暴かれてしまい，使い方次第では問題噴出！　品行方正にしか使われない完全無欠なメディアなどありません。

　そんな不完全なメディアは，不完全だからこそ，その内容を補完するために批評という眼であり芽が自然発生するのでしょう。そして百家争鳴の末，現代社会に思想の自由市場を形成するのでした。

　本書は，極論社会学者を自負していた著者が，これまで関連学会の媒体で発表してきた内容の数々を統合した上で，誰にでも見通しやすく再構築した集大成です。

　著者が，これまで（前後に説明もない）学術用語や難解なロジックで固めた文章は，実は自信のなさを隠す理論武装の表れであったと振り返られます。真の教授者であれば，誰にでもわかりやすく問いかけ，語りかけなければ使命は果たせません。小中高の学校では，教室に一人でもわからない生徒がいたら，わかるまでやさしく説明するのが教育者の本分だと言われているはずです。しかし，最高学府の大学では，学生がわからなくても学生の勉強不足だと切り捨てられ，学生に

責任が押し付けられるケースが多いのです。それでは著者の考える真の教授者像ではありません。

さらに、著者が2018年現在、所属している文芸学部の学際的な教室においては、受け持っている学生は、多士済々（たしさいさい）です。よって本書は、文学、芸術、歴史学、考古学、民俗学等、マスコミ論とは違う分野を専攻する学生たちにも、理解してもらえる表現を心がけました。歴史学者の意味深い講義は、歴史的な事実の繰り返しであっても、何度聴いても古典落語のような味わいがあります。逆に臨床社会学者としての著者の発信は、常に新しい時事問題に対して、正解でなくとも解決策を示す創作落語を目指します。

教育とは、出来ない子を出来る子にして、社会に送り出すのが使命だと著者は考えています。ですから、前田研究室は決して優秀な学生だけを集めようとはしません。たとえ問題児であっても、社会に適応できる術を身に着けてもらうことが教え甲斐であると考えて、積極的に受け入れて参りました。そして最終的には、ゼミ生各自がメディアで取り沙汰されている未解決の時事問題を選び、締め切り日までに自分なりの解決策を2万字以上示した卒業論文を提出できる探究者に育てます。マス・コミュニケーションの流れに身を置きながら、直観リテラシーを装備した卒業生を、社会へ送り出すのです。20年を超える教員生活で、1人たりとも自分なりの（正解かどうかは歴史が決める）解決策を導き出せずに（卒業論文を書け

ずに)藻屑と消えた学生はいません。

　授業で著者が取り扱うニュースのソース（ネタ元）は，主に日本のテレビ番組です。マス・コミュニケーションという過程において，社会情報を収集する為に，現在の送り手にも受け手にも最も使い勝手の良い安楽なメディアが，日本のテレビ番組だと著者は考えています。

　人間は，生物界の中で唯一，言語で思考する生き物です。ですから，言語である活字を読み，脳で思考する過程は，言語→言語という短絡的でコピーに近い工程です。対して，映像を見て，脳で言語に変換する思考過程には，高度なスキルを要します。前者の代表は，読書で，後者の象徴は，考えながらのテレビ視聴です。ですから，テレビで情報を摂取して，大学で言語に変換して発表する授業は，教員にも学生にも，講読よりも高度な脳の思考訓練になると著者は考えています。

　また，若者のテレビ離れが指摘されていますが，ネットでニュースになることと言ったら，有名人がテレビでこんな発言をしたなどという話題も多いのが日本のメディア文化の特徴です。ネットで話題になるニュースソースが，テレビ番組に多い先進国は，日本だけでしょう。

　だからといって，テレビが理想的なメディアだなどとは謳い上げません。逆説的ながら，テレビに限らずメディアの内容は，ある程度スカスカで不完全でないと，受け手の批評精神が育たないと著者は考えています。もしも，メディアの伝

える内容が優れていると評価されるものばかりになれば，聴き入るだけに終わり，洗脳の恐れさえあります。完成度の高いメディア報道があったとしたら，名作映画のように見入ってしまい，褒めはしても批判する眼が失われる恐れがあるからです。

極論を言えば，報道の自由度ランキングが低い国ほど，自らの批評精神を育てる契機があるのだと考えられます。そして，国民は生き残るために，原初的な直観リテラシーを研くしかないのです。

本書では，著者以外にも，独自の直観リテラシーで，端的にメディアをさばける証として，稀代のテレビ・ウォッチャー！故ナンシー関のコラムを引用します。

「私はテレビの中で立ち回っている〇〇（バラドルと言われる代表格）を見るたび，『着々と』その箇条書きの項目を積み上げていく『作業』を見せられているような気持ちがする。

『●明るい●おもしろい●元気●かわいい』といった，着々と積み上げてきた箇条書き。」（ナンシー関『ナンシー関の名言・予言』世界文化社，2013年，p.54.）

著者も直観で実感しているのは，話をコンパクトに無駄なくまとめるのが，テレビ番組に出る時の秘訣だということで

す。テレビの世界では、活字の世界よりも時間的に秒単位で編集され、カットされます。つまり、バリアフリーのように、読解力がなくても意味が解釈できるリテラシーフリーのテレビ的なわかりやすさとは、実は箇条書きの制作・作業工程なのです。テレビが万人に開かれているのは、単純化であり、簡素化のおかげなのです。

戦国の直観

　日本の戦国時代。テレビも新聞も無い時代。群雄割拠する武将たちは、いかにして敵の存在を知り、敵陣の兵力、強さを見抜いたのでしょうか。

　心許ない口伝えの情報しかない中、どの情報が正しいかなど、確かめようもありません。例えば1590年、小田原城の北条氏政は、誰が見ても太刀打ちできない勢力に拡大した豊臣秀吉が、大群勢で攻めて来ても、降伏もせず、籠城して最後まで刃向かい破れました。

　歴史を俯瞰できるわれわれには、無謀としか思えない氏政の行動です。しかしメディア無き時代、北条側は、秀吉の存在をどうやって信じられるのでしょう。まして、秀吉が天下統一間近にまで勢力を拡大しているなどは、どうやって確かめられるのでしょうか。

　そうです。メディア情報の無い戦国時代に、生き残れた武

将とは,《直観》で敵情を見抜けた,見破れた知将だけなのです。

　逆にメディア情報が氾濫して,玉石混交の現代。生き残れるのは,瞬時に使える情報を射抜く！ 直観リテラシーを実装している知恵者だけなのです。

Chapter 1

見えやすい送り手論

コメンテーターは，無双か

　メディア論の講義で，ニュースの見解を述べた時，私見と断ったうえでも，授業後のミニレポートには，「先生は〇〇と言ったが，池上彰さんはテレビで△△と言っていた！」などという反論をよく目にします。これは，同じ世論を引っ張る役割でも，マス・コミュニケーションの受け手側にいる本来のオピニオン・リーダー（例えば，対面で授業中の教員）より，実はマス・コミュニケーションの送り手側にもいるオピニオン・リーダーの論評の方が，影響力が大きいという証左ではないでしょうか。

　最もシンプルな送り手論の解き口として，政治学者E. オルターマン（1992）が提示している「パンディトクラシー」（punditcracy）という枠組みを使います。パンディトというオピニオン・リーダーは，特にテレビに出てくるコメンテーターや評論家のことです。よって，パンディトクラシーとは，そのコメンテーターたちの考えが世論を支配する構造を示してくれているでしょう。この構造から，送り手の内側で多段に吟味された情報の流れを検証できます。

　受け手の送り手化を実現したインターネットは，新聞社や放送局といったマス・コミュニケーションでは確定できる管理主体が見えにくく，漠然とした「（神の）見えざる手」（≒

自由放任）で動かされています。しかし，経済学の祖の一人，アダム・スミスによる「(神の) 見えざる手」という説明は，元来，経済システムの解き口でした。(神の) 見えざる手とは，参加者みんなの勝手な振る舞いに規制をかけず，放っておくと，結果として集団を動かす（進化させる）大きな力となり得るという（神頼みのような）考え方です。

　それを情報の流通に応用するのは，D. コーエン (2009) といった経済学者によって検討されはじめたばかりの論議です。メディア研究者が，社会情報を流通させる屋台骨として，ネットという双方向システムに全面的な信頼を置くには時期尚早と言えるでしょう。中央集権的なマス・コミュニケーションの方が，中心にいる新聞社や放送局などが送り手であるという責任の所在が明確なので，対応しやすいのです。

　さらに日本のネット上では，話題にされるヒト・モノ・コト，それらのニュースソース（ネタ元）の多くが地上波テレビの内容だという珍現象が見られます。つまり，マス・コミュニケーションの送り手の内側で，社会情報の多くがつくられているのが，日本の現状なのです。

　以上，テレビ受像機の前，すなわち受け手側にいるオピニオン・リーダーより，テレビ画面の中，すなわち送り手側にいるオピニオン・リーダーであるコメンテーターや評論家の方が大きな影響力を持つという現況が浮き彫りになります。その条件で思考実験すると，物理的に情報の伝達手段を所有

する立場としての送り手の優位性が，改めて確認できました。

 ## 送り手とは，何者か

1970年代，メディア論を考える基礎をつくった批評家のひとり，H. M. エンツェンスベルガーは，メディアが理想的に使用される環境とは，すべての受け手（社会成員）が送り手になれる状態だと提言しました。**表-1**からもわかるように，誰でも使える《解放的メディア使用》という理念に単純化・先鋭化した送り手論の元祖です。しかし現在，それを体現出来るネット社会は，なんでもありというアナキズムが蔓延する，無責任な無法地帯でもあります。給料が対価にもらえる

表-1　エンツェンスベルガーの（使い手をめぐる）比較メディア論

《抑圧的メディア使用》	《解放的メディア使用》
中枢指令プログラム	権力分散的プログラム
1人の伝達者，多数の受容者	各受容者は潜在的伝達者
孤立した個人の不可動化	大衆の可動化
受動的な消費者としての態度	参加者の相互作用，フィードバック
脱政治化過程	政治学習過程
スペシャリストによる生産	集団的生産
所有者または官僚によるコントロール	自己組織化による社会的コントロール

出典：Enzensberger, H. M. 1970, "Baukasten zu einer Theorie der medien," in Kursbuch 20/190.［中野孝次／大久保健治訳『メディア論のための積木箱』河出書房新社，1975年，pp.117-118］．

労働でもないのに，ネット上で送り手になりたがる動機の多くは，ありとあらゆる人間の欲望です。その欲求のはけ口として，著者にはネット社会が立ち上がった当初より，無法地帯に陥るのが自明のことのように思えていました。人間の際限なき欲望を叶えてくれるメディアと社会の出現は，責任なき送り手を量産するヴィジョンが眼に見えるからです。

　ありとあらゆる欲望を叶えるのは，大衆迎合のポピュリズムに通じます。その対概念のひとつは，少数精鋭に頼るエリーティシズムです。一極中心の送り手が多数周縁の受け手に情報を流すマス・コミュニケーションにおいては，送り手がエリートでした。そして，送り手が出す情報を，その審美眼というフィルターを通してワンクッションおき，受け手に取り扱い方まで教えるコメンテーターや評論家（pundit）たちがいるのです。その存在感の肥大こそが，パンディトクラシーと呼ばれるのでした。このように，送り手の内側で，何段階かで情報が吟味されていたとしても，受け手がひと握りのエリートたる送り手に従属する過程には変わりはありません。

　ですから，誰もが，すべての参加者に向けて発信できるネット社会が理想郷のように夢見てこられたのです。しかし，それは皆が一斉にしゃべり出す会議と同じく，収拾がつかないアナキズムに陥りがちです。結局，一対多で（上から下への命令系統）上意下達のマス・コミュニケーションの方が，情報社会の運営には効率的かつ機能的と言わざるを得ないのです。

一極中心の送り手の方が，責任の所在がわかりやすく，責任を取らせて改善しやすいからです。

「（神の）見えざる手」で動かされているネット社会は，経済システムのはじまりと同様でした。その後，経済における「（神の）見えざる手」という考え方は，共産主義経済，資本主義経済など様々な経済システムで上書きされてなお，自由主義経済の運営法として想定されています。しかし，コミュニケーションの分野で考えれば，すべての受け手が送り手になって，社会情報の取り扱いを，「（神の）見えざる手」に全面的に委ねると，情報流通のシステムが無法地帯となり，それこそフェイクニュースひとつで，情報網は大恐慌になるリスクを常に孕むことになるでしょう。

 ## 送り手になる覚悟

ネット社会が拡がる以前に，受け手が送り手になる兆候が見られた表層現象として，テレビに対する新しい視聴形態グレイジング（grazing）があります。具体例としては，受け手がリモコンで自在にチャンネル切り替え，ながら視聴するザッピング（zapping）や，受け手が録画番組を自在に早送りして，飛ばし視聴するジッピング（zipping）などが挙げられます。そして，1980年代には，北米のCATV局がスポーツ中継におけるカメラの切り替えを視聴者ができるサービス等を

試みて，本来送り手のみが持っていたアクティヴィティ，つまり能動性を一部ですが，受け手に分け与えはじめたのでした。

しかしカメラの視点を，送り手から受け手が譲り受けても，番組自体は旧来の送り手が制作しています。つまり，視点の移譲は限定的で，エンツェンスベルガーの言う《抑圧的メディア使用》の枠内に過ぎません。視聴者≒消費者のニーズに応えただけで，受け手としては，いわゆる条件闘争に勝ち得た様なものに過ぎないのでした。少なくとも，エンツェンスベルガーの言う，誰でも使える《解放的メディア使用》すなわちネット上で【受け手の送り手化】としての能動性が保証されたものではないでしょう。

エンツェンスベルガーが提示した理想的な展開，理念型は，以下のように単純化できます。

① 限られた人しか使えない《抑圧的メディア使用》枠内での条件闘争：コピー ➡ 録画／リモコン／カメラの切り替え：受け手の編集権一部獲得／能動性の芽生え。
② 誰でも使える《解放的メディア使用》体現：電話 ➡ パソコン／携帯電話／ネットに発信：受け手のアクセス権獲得／双方向性（interactivity）の確立。

上記の簡単フロー・チャートに共通して介在している要件

は，電子メディアの進化です。つまり限られた人にしか使えない《抑圧的メディア使用》の枠内で，消費者のニーズに即するという条件闘争の結果勝ち得た能動性も，テレビの備品など新しいメディアが開発されたおかげです。さらに誰でも使える《解放的メディア使用》の体現を望んで確保し得た双方向性【受け手の送り手化】は，パソコンなどテクノロジー進化の結果であり，コミュニケーション・システムにおいて送り手の意義を考える基軸に，メディア論を展開したエンツェンスベルガーの先見性は正論です。

しかし，受け手が送り手になることの目指す最終局面が，①の能動性から②の双方向性【受け手の送り手化】構築であるならば，その社会基盤，インフラとなり得るのはマス・コミュニケーションではありません。電話やパソコンに端を発した双方向ネットワークです。初期のマス・コミュニケーション研究者，L. W. パイ（1963）らの時代は，マス・コミュニケーションの体系を社会情報流通のメイン・システムと捉え，双方向コミュニケーションの体系は，口コミのように対面で伝わるサブ・システムとして別次元で考えられてきました。そしてマスコミと口コミは，互いに浸食することなく棲み分けて，相互補完的に機能していると考えられていたのです。確かにネット社会の現在も，上意下達のマス・コミュニケーション・システムは厳然として維持されています。

エンツェンスベルガーの誰でも使える《解放的メディア使

用》を，受け手の立場から考えてみると，もはや古いメディアであるテレビ界でも，チャンネルごとに契約するペイ・パー・チャンネル→番組ごとに契約するペイ・パー・ビューといった，お金を払って視るペイ・テレビの視聴者が主導権を握り始めました。従来の名もなき匿名的受け手から脱して，課金／契約対象として「署名性」つまり名前を明かす能動性を余儀なくされ，積極的な受け手像を示しているからです。

さらに双方向性【受け手の送り手化】が十分に保障されるコミュニケーション・システムとは，メディア史を振り返れば，J. リップナックとJ. スタンプス (1982) らが提唱した「ネットワーキング」の考え方に遡ります。ネット概念は，井戸端会議のレベルだった「うわさ」(rumor) や「ボランタリー・アソシエーション」(voluntary association) といったマス・コミュニケーションの足りない機能を埋めるサブ・システムを経て，現在インターネットによる新しい世界観を構築しているのです。

送り手だらけの世界観

インターネットの理論枠組みとも言える「ネットワーキング」という概念の下で，まず保障されるべき条件をエンツェンスベルガーは，誰でも情報を送ることが可能な「各受容者は潜在的伝達者」，そして情報が自由に行き交う「参加者の

相互作用，フィードバック」としていました。さらに双方向性は，みんなが情報を発信できる「大衆の可動化」，それを誰にも管理されない「自己組織化による社会的コントロール」と説明しており，端的にまとめると全面的な【受け手の送り手化】に行きつくのでした。

　その場合のコミュニケーション回路を，太陽に枝葉を伸ばす木（ツリー）と地中に蔓延る根（リゾーム）に譬えた現代思想の巨人G.ドゥルーズ（1976）の概念を援用して説明してみます。上意下達のマス・コミュニケーション・システムを，地上に枝葉を広げるツリー・モデル，双方向のネットワーク・コミュニケーション・システムを，地下に根を張るリゾーム・モデルとして，両者の功罪を思考実験してみましょう。

　まず，上意下達のマス・コミュニケーション・システムであれば，大衆という匿名性を隠れ蓑にしたアナーキーな受け手，例えばテロリストが危険な情報を発信をしようとしたり，ウィルスをばら撒こうとしても，ツリーの枝葉を切り落とす事によって抑止できます。たとえ放送局を乗っ取られたとしても，その局の放送だけを遮断すれば，テレビというシステムが崩壊するような最悪の事態は回避できます。では進化した，双方向のネットワーク・コミュニケーション・システムにおいては，どうでしょう。【受け手の送り手化】が可能なシステムでは，たったひとりのハッカーやひとつの端末に感染しただけのコンピュータ・ウィルスが，張り巡らされたリ

ゾーム状の回路を切っても切っても，回路を縦横無隅(じゅうおうむぐう)に迂回して暴れまわれるのです。結果システムをダウンさせ，ネットワーク自体を破壊できるという危機的な事態も想定できます。

　もちろん，上意下達のマス・コミュニケーション・システムは，効率的で機能的な反面，融通が利かないという逆機能も発揮します。日本の官僚制度における一方的な命令系統をイメージしてもらえればわかりやすいでしょう。つまり，われわれ大部分の市民が，支配されざるを得ない存在になってしまうのです。しかし，その改革案として夢想される双方向のネットワーク・コミュニケーション・システムも，"受け手の解放"という理想の共同体的思想だけでは謳(うた)い切れない無法地帯になるリスクを孕(はら)んでいました。

　そこで送り手化した受け手によって壊されやすい後者システムの無規範（アノミー）化を回避する為，想定され得る対抗策は，（テロリストが紛れ込みかねない）匿名的受け手に対する「署名性」の責付，具体的に言えば国民総背番号制のような管理体制を高めることしか考えられません。すると，共同体的なユートピアを安全に運営するためには，逆にSF作家G.オーウェル（1949）が揶揄(やゆ)した（ネガティブな）管理社会の機能を与えないと保障されないというジレンマに陥るのです。

　ただ，「管理社会化」に関しては，負の側面だけではなく，トレード・オフ（引き換え）にプラスになる予測も考えてお

きましょう。もし社会成員個人のゲノム情報までストックした《理念上のデータ・ベース》（完全なる個人情報の保管庫）が完成したとすれば,「管理」というネガティブなイメージの裏腹に, テロリストもすぐに摘発できるIDの徹底が可能です。テロ防止は, 極論であるかもしれませんが,「管理」が, 身近な犯罪の即時検挙, 煩雑なあらゆる事務手続きの簡略化, ひいては個々人に向けたより正確な医療体制の充実etc……といったオーウェル当時の思考実験では, 考えが及ばなかったポジティブな恩恵も想定できるのです。

さらに言えば, そもそもエンツェンスベルガーが言う「各受容者は潜在的伝達者」,「大衆の可動化」を, 現代の受け手は希求しているのでしょうか。確かに, インターネットがもたらすSNS（Social Networking Service）でプライバシーを発信する若者たちを見るにつけ, 見られたがっているとしか思えません。また, 継続的に発信する姿には, 見られていないと不安なのかとさえ思ってしまいます。しかし, 芸能人が結婚報告では喜んで記者会見を開いても, 不倫報道には口をつぐむように, SNSユーザーたちも, すべてのプライバシーを開示し, 監視されたがっているとは考えられません。

結果,「受け手は本当に送り手になりたがっているのであろうか。」という疑問が出てきます（拙稿, 1993）。D. ライアン（1988）らがすでに指摘している様に, 自らが送り手になるという事は, 今度は逆に送り先の受け手から監視される立

場にもなるのです。ここにエンツェンスベルガーらの理想論，"送り手になることが至福"ともいえる考え方への懐疑も出てきます。

送り手のいる百景

（1）デモクラシー（民主主義的な）構造

圧力団体としてではなく，別々に「原子化された個人」とみなされる「受け手」から，公共放送局に，合計何十人程度でも苦情電話があれば，番組内容は再考を余儀なくされます。また，出版業界では週刊誌の返本での損失は計り知れず，リスク軽減の対策として「送り手」たる編集部は，「読者アンケート」等で神経症的なまでのマーケティングを敷いています。

このように「世論」および「視聴率」，「発行部数」として抽象化されながらも「受け手」の意志が，「送り手」に対して一義的な効果と影響を与えるとすれば，古典的な「民主主義」の論理が，制度としてのマス・コミュニケーションに適応できます。ここでは究極として，数の論理で「受け手の優位性」および「送り手の劣位性」（劣等感）が成立してしまうのです。

このデモクラシー構造を理念型（理想）とした場合，「『送り手』は『受け手』の意志に従属する」という仮説が設定できます。結果，かつて送り手に従属するとしか見られていな

かった受け手が対象であった「効果と影響研究」ですが，受け手からのカウンターパンチによってクローズアップされる"送り手"を対象とした「効果と影響研究」も課す必要性が出てきます。

（2）ビューロクラシー（官僚主義的な）構造

テレビ番組制作の組織図を概観すると，「送り手」の内側に，例えば「編成 → プロデューサー → ディレクター → パフォーマー」といった上意下達の簡単なロー・チャートが思い浮かびます。

かつて中井正一（1973）は，映画製作における「意思」決定権の所在を，スタッフ全員に平等にあるものとして「委員会の論理」で説明しました。総合芸術の素晴らしさを表した考え方です。しかし，現代のハリウッド然り，資本主義とはその資本の所在を中心とした上意下達の「意思決定機構」が厳然としてそびえ立っています。

そこに風穴を開ける存在としては，映画においてE. モラン（1972）の「スター・システム」論，テレビにおいて稲増龍夫（1989）の「アイドル・システム」論がパフォーマーの優位性を提言してきました。受け手によって神格化されて存在感を示すスターと自分を虚構と割り切って存在感を示すアイドル。輝く構造は違えども，送り手としての立ち位置がわかりやすいシステム論です。ただし問題なのは，スターもア

イドルも，パフォーマーとは「送り手」でもありますが，「送られ手」にもなり得るという現実です。メディアに登場する者全てが「送り手」とだけ定義し切れないことは，報道というマス・コミュニケーションの様相を見ても明らかでしょう。例えば，事件・事故の当事者は，自らの意志で登場する「送り手」とは言い切れないにも関わらず，メディアに登場させられます。スターやアイドルに関して言えば，ワイドショーやタブロイド紙でスキャンダルを暴露される局面においては，「優位性」など微塵(みじん)も感じさせず，「送られ手」として，"られた"という劣等感が丸出しです。

　結果，「送り手」の内部構造で，責任の所在を最終的に追及できるのは，「送られ手」に成り下がる可能性があるパフォーマーでは決してなく，新聞社や放送局といったパッケージされた組織を対象とするしかありません。マス・コミュニケーションにおける責任の所在としての「送り手」とは，まさに近代合理主義的な官僚制，すなわちビューロクラシー構造そのものと捉えられるのです。

(3) パンディトクラシー（コメンテーター主導の）構造

　しかし「送り手」概念とは，パッケージされた組織をもって語りつくせるのでしょうか。例えば，政治報道におけるひとつの流れを検証してみます。

★「政治家の会見（VTR）→ ニュースキャスターのアナウンス → コメンテーターである政治評論家の批評」：送り手総体 → 受け手総体：「流されるVTRを凝視した受け手／キャスターの言動に注目した受け手／批評コメントに着目した受け手」

　まず，送り手総体である「　」番組内においては，当初受け手たる国民に対してメッセージを発していた政治家が，番組のキャスターにより紹介されることで，「送られ手」として後退します。次に，ゲストのコメンテーターによる評論が被せられれば，キャスターまでも「送られ手」として後退させられる可能性があるのです。E. オルターマン（1992）が提示した「パンディトクラシー」とは，まさにこの流れです。パンディトとは，最終的な価値判断を下すコメンテーター，評論家のことです。

　もちろん，「受け手」の中でも，政治家の会見（VTR）に感銘を受けたり，キャスターのアナウンスにうなずいたり，一概に「パンディトクラシー」構造に取り込まれているとは言明できません。しかし，送り手の「　」内における政治家 → キャスター → コメンテーターといった多段の流れがあることは，受け手であるわれわれが覚悟しておく重要なポイントです。

　「送り手」概念は，第 4 章で説明する「受け手」概念と同様，

多様なのです。

　第一点。ビューロクラシー構造から見て取れるように、メディア機関の内部に意思の伝達系統が存在し、各々の段階に「送り手」個人が配置されているのです。

　第二点。パンディトクラシー構造が明らかにしているように、「送り手」は新たな「送り手」の出現により、「送られ手」に後退してゆきます。

　以上のように、これまでの検討を簡単にまとめただけで複雑怪奇で、簡単には責任など追及できないことがわかるでしょう。

 送り手とは、"うまみ"のある立場なのか

　初心に立ち返り、基盤となるマス・コミュニケーションを、民意が反映するデモクラシー構造と捉えた上で、「送り手」内部の意思決定機構をビューロクラシー構造と捉えれば、「送り手」は「受け手」に従属する、われわれの下僕として組織的に労働をしていることになります。

　その間、「受け手」は"お茶の間"で「送り手」に顔を見せることなく、官僚制批判でもなんでも匿名のクレームを謳歌できます。逆に「送り手」は、「視聴率」や「発行部数」獲得のために、見えない「受け手」の顔色（世論）を窺いながら、メディアを駆使して、「受け手」好みの内容を生産して

いるのです。それがマス・コミュニケーションの現状だという見方もできるのです。

　また，マス・コミュニケーションをパンディトクラシー構造と捉えれば，コメンテーターも評論家も情報伝達の手段としてのメディアを動かす者として，広義の「送り手」概念に含まれます。ならば，受け手のクレーム対象として，俎板（メディア上）の鯉です。つまり，受け手優位に違いはありません。

　以上の「送り手」枠組みの検討から，冒頭，著者の授業風景を思い出してみましょう。テレビのコメンテーターの言葉を持ち出し反論した学生にも，最後に意見を交わすのは，ライヴ授業における教員たる著者です。そこで，共感させるにせよ，反発させるにせよ，学生の考えをいずれかに向ける対面オピニオン・リーダーの役割を果たせるのが，大学教員ですし，授業の大義だと著者は考えます（拙著『大学というメディア論』2017）。つまり，本来，マス・コミュニケーション研究において位置付けられてきた受け手側のオピニオン・リーダーになるべき立場のひとつは，教員だと著者は考えています。ただし，学生に与えるべき影響は，思想やイデオロギーの洗脳ではなく，ものの見方すなわち直観リテラシーの教授だと本書では示して参ります。

やっぱりメディアは、送り手のもの

 これまで思考実験した通りに、個人の究極のプライバシー、"DNA情報"までストックした《理念上のデータ・ベース》(完全なる個人情報の保管庫)が完成できたら、「管理」というネガティブ・イメージの条件とトレード・オフ(引き換え)に、効能も考えられます。IDの徹底で、身分証明に時間をかけずとも、市役所、銀行、商取引などで必要な煩雑な事務手続きが簡略化できますし、身体の隅々まで丸裸にされれば、その代わりに、常にどの病院でも最適の医療が受けられます。

 ステージ4に近い重篤な下咽頭がんを経験している著者は、中央政府にすべての身体情報を一元管理してもらい、いつがんが再発しても、どこででも最適の医療が受けられる体制を望みます。ただし、これは<u>国民全員に強制されるべき考えではありません。著者のように、プライバシーをすべて国家に委ねる(送る)代わりに、国は万全の態勢で国民を守って欲しいと考える人のみの登録制にすれば良い</u>でしょう。その結果、個人情報を国に登録した者のみが、管理社会の恩恵を受けられる姿を見て裾野が広がるも良し、一部に留まるも良しとガンマン(がん患者)の著者は考えています。

 受け手の立場にあった者たちが、管理主体に自身のプライバシーを送る結果、犯罪の即時検挙など、市民が生き残るた

図 - 1　パノプティコンの事例

出典：M. フーコー『監獄の誕生』口絵26頁。アメリカのステイヴィル懲治監獄。

めの恩恵に浴することが予見できました。

　その地平にもし，社会成員が多数意見として「どんな個人情報でも，管理する中央からのアクセス権を100％保証する社会を作り，その代わりその管理主体が社会秩序を完全に守ってくれるなら，自分のプライバシー権は《ゼロ》になっても構わない。」との世論を形成し得たら，ユートピアの完成となるのでしょうか。逆に，思想家M. フーコー（1975）が「パノプティコン」（一望監視施設）と呼んで，ペシミスティック（悲観的）に評した，誰もがすべてを中央から見られているという全周管理体制の「監獄」的状況は，多くの市民から拒否反応を呼ぶことが予想できるのでした。

　では中央集権の管理というタガを外して，誰もがすべてを

誰からもみられるという平等で公平な社会観は，ユートピアなのでしょうか。確かに，SNSで日常生活を不特定多数者に平気で晒す（送る）若者たちを見るにつけ，見られたがっている（送りたがっている）としか思えませんし，継続的に更新する姿には，見られていない（送っていない）と不安なのかとさえ思ってしまいます。

　そして世論が，グラス・ルーツ（草の根）から「情報管理＆開放社会」を肯定するような大多数に至った時，その社会成員の中からは，100％保証されたアクセス権を行使する者たちが現れるでしょう。端末のパソコンから監視カメラにたどり着き，"ワイド・ショー"の芸能レポーターや"タブロイド紙"的な覗き見記者のような欲望を充足させるかもしれません。アクセス権フリーと引き換えに，ある程度のマナーという社会規範が行き渡らなければ，みんながみんなを見て見られてという乱交パーティーの社会になりかねないのです。著者がFacebookで予見する負のイメージです。つまり，かつての匿名的な受け手たちが，監視できる＝監視される両側面を有するため，プライベートな情報行動にまで「倫理」観が求められるでしょう。結果，家の中までいつも見られているなら，いつもよそ行きの「儀礼的」（ritual）な振る舞い（演技）が要求されるかもしれません。

　極論としては，"お茶の間"でさえ，"テレビ番組"に悪態を吐くと世間に知れ渡りバッシングを受けることにもなりかね

ません。運転中につく悪態も車載カメラ経由ですぐに相手に伝わり，路上はバトルフィールドと化すかもしれません。監視メディアの確立によって，便利で守り切られた管理社会とは，"テレビ番組"だけでなく"お茶の間"も運転中も，誰に見られているのかわからないからです。

　ナルシストの著者は，それでも構いません。

　運転免許を持っていない著者はプライバシー・ゼロで，お茶の間，寝室まで誰に見られても構いません。インスタ映えとは言いませんが，おもろいテレビのツッコミ方を受像機の前で披露しますし，おもろい寝相や寝顔も見せます。

　より具体的に言うと，著者は自身がアルコール依存症（自分の意志ではどうにもならない脳のコントロール障害）の当事者であることを，大学のホームページでもカミングアウトしました。そしてアルコール依存症は，回復できる病であることを身をもって示して（送って）いるのです。そういったプライバシーの切り売りに近い，生き方や生き様の開示（送信）こそ，デザイン思考の著者が大学で行っている『メディア論』の授業なのですから。

Chapter 2

見えやすいメディア論

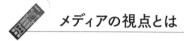
メディアの視点とは

　88歳になる著者の母が，珍しく夜更かししていて，初めて深夜に放送されている『F1グランプリ』を見ました。カーブが多いコースからの中継カメラは，目まぐるしくスウィッチングされます。すると，母が聞きました。「いま，右から左へ走っていた車が，なんで今度は左から右へ走っているの？」。

　もしも，そんな視聴者がいたら，**メディアを解く**リテラシーの基本原理を教えてあげましょう。

　180度対角にある二つの「視点」から，両者の間にあるひとつの対象を見れば，左右の認識は逆転します。A点から見た右側とは，対角のB点から見た場合は左側となり，両者が同時に対象の左右を表現すれば，**内容である**「事実」（fact）は二つ存在してしまうのです。

　唯一無二の「事実」を確定するためには，いちいち「今のカメラは，コース進行方向の右側から撮っています。」，「次に変わったカメラは，コース進行方向の左側から撮っています。」など，**メディアである**「視点」がどこにあるのか（設定されているのか），その所在を説明しなければならないのです。しかし，その説明を厳密にするためには，「コースの全景とカメラの位置を説明します。そして中継する順番は

……」と，より広い視野を持つ新たなメタ的な「視点」（上から目線）の設定が必要になってきます。ならば，その「視点」の所在を説明するための「視点」とは……。メタ（上へ）の階梯を昇るにつれ，説明はややこしく，本来何を伝えたくて，何を説明しようとしていたのかさえわからなくなって，解説は迷宮化してゆきます。

テレビの報道カメラマンたちはそこまで神経症的に原理原則を問い，また説明しようとしているのでしょうか。いや，できるのでしょうか。正確さを競うようなニュースに関して，ジャーナルに（時々刻々と）情報を発信せざるを得ない彼ら彼女たちに，そこまで求めるのは物理的に不可能なことでしょう。結果，われわれは何処に在るとも解らないカメラで撮られた映像を甘受し，何処から見ているとも解らない取材者の「視点」に同化せざるを得ないのです。そして，共訳可能な（みんながわかる）「事実」らしきものが，テレビ受像機から社会にバラ撒かれるのでした。

厳密に考えると複雑怪奇な情報環境に自分が置かれていることを自覚することが，直観リテラシーのはじまりです。

メディアの精細度

ストーリーを追う映像と言えば，断続的に放送されるテレビドラマより一本で完結する映画の方がわかりやすいと言う

88歳の母が，ある日映画『ジュラシック・パーク』のDVDを観ました。見事なCGながら，さすがに現代の世に恐竜が存在するとは考えられなかったらしく，素直に特撮技術の進歩に驚嘆していました。

ところが数日後，世界の秘境を紹介するNHKのドキュメンタリー番組を見ていると，画面に出てくる数々の遺跡が現れる度に，「よくできたCGだわ〜」という母の感嘆が聞こえてきます。さらに彼女にとって，テレビで視るムツゴロウさんに良くしつけられた動物たちは，『ジュラシック・パーク』の恐竜同様に，全部CGになって（見えて）しまいました。

もしもこんな視聴者がいたら，**メディアを解く**リテラシーの基本原理を教えてあげましょう。

近年の地域紛争において，空爆がクリーンな戦術であるかのごとく思い込まされた要因のひとつに，ハイテク・ミサイルの照準映像が挙げられます。戦略上，必要最小限の情報のみを的確に伝達する映像は，テレビ受像機に載ってお茶の間へ侵入した途端，"ウォー・ゲーム"と化しました。この事態が孕む問題は，ミサイルの照準における一面性だけではありません。ビット数に換算できる画像はゲーム画面のようで，ドキュメントの生々しい詳細を隠蔽します。そこからは，戦略上必要のない情報，例えば被爆した人間の飛び散る血や肉は見えないのです。

「視点」のフォーカス（焦点の合わせ）次第によっては，伝

達内容をモザイク化し（ぼかし）得ます。フォーカスとは，時としてディテール（細やかな真実）を隠蔽するという意味において，送り手に都合のいい，極めて表象的なプロセッサ（処理機）です。つまり「事実」が完全か／不完全かなどというのは，メディアの精細度でコントロールできる主観的（勝手）な概念なのでした。

> 「テレビという装置は，有無を言わさず勝手に距離を設定します。食事時であろうと何であろうと，親の顔だってこんな近くで見たことはないというくらいのどアップで，○○（嫌いなタレントで選ばれる上位）の顔を映したりするのです。そんなテレビでしか知り得ないタレントをほとんど嫌いになるというのは，むしろ健全であると言えるでしょう。」（ナンシー関『ナンシー関の名言・予言』世界文化社，2013年，p.94.）

　ですから，今接しているメディアの解像度が，どの程度なのかを理解するのも，直観リテラシー習得のワンステップです。結果，メディアが見る者に，戦争の善悪，タレントの好き嫌いを決めさせている側面があるのですから。

メディアは不完全だからこそ，おもしろい

　人目をはばからず，汚い言葉を吐く！ Twitter（ツイッター）を，タン壺のメディア，見も知らぬ相手と平気で深く交流するFacebook（フェイスブック）を，乱交パーティーのメディア，別に見たくもないものまで，見せつけられる！ InstagramやYouTubeは，露出狂のメディアと切り捨てる著者が，SNS（Social Networking Service）に記していた人生訓は，「テレビに学び，映画のように生きる。」でした。

　雑多な内容が詰め放題に見えるメディア，テレビは著者にとって，最も開かれた情報の宝庫であり，逆に完成度の高い映画の名作を見つけると，生き様をまねるのに最適なお手本だったのです。そんなメディア観もSNSに綴ったインターネットは，現在，管理主体が見えにくい「（神の）見えざる手」で動かされています。しかし，日本のネットで話題にされる多くのネタ元が地上波テレビの内容であることからも，やはり現代の日本において，テレビというメディアは社会情報の宝庫なのです。

　そんな雑然としながらも話題にできる情報を吐き出すテレビが，これまで検証してきたように，視点も精度も物理的に不完全であれば，送り手が意志を伝えようとしても，運ばれる内容も完全なる意志の反映とはならないでしょう。しかし，

そこに受け手の批評精神がつけ入るスキが生まれるのです。物には，人間が観測しても万人が共有できる同じデータを確定（決定）することはできないという理(ことわり)があります。つまりメディアが物理現象として，不確定性原理を援用できるような仮定の存在に過ぎないならば，それによって運ばれる内容も完全に確定できません。そして不完全な内容には，批評の余地が生まれるものです。

わかりやすく言えば，<u>観測者によって，メディア（カメラなど）の見え方は変わり，それによって運ばれる内容（事実や真実）も異なって捉えられるのです。</u>

メディアは，送り手にとって管理社会のツールとなるのが，理念（理想）的な使われ方のひとつでした。しかし，物理的に完全にコントロールできるメディアなどあり得ないのだとすれば，メディアに乗せられる内容には解釈の余地が拡がり，万人に別々の意味が開かれるのです。ただし，そんな不確定性は，例えばニュースの不確実性や不安定さを意味して，受け手に不安をもたらします。それを解消するためにも，受け手には共訳可能な（誰でも同様の意味が理解できる）リテラシーが必要となるのです。

ロミオとジュリエットとメディア

マス・コミュニケーションという情報の流通過程が研究対

象になった瞬間は，メディアは内容を伝える送路でしかありませんでした。その後，メディア固有の意義が問われ始めたのは，M. マクルーハン（1964）による「メディアは，メッセージである。」というテーゼが提出された頃からでしょう。メディアなんか意識しなくても，送られる内容だけに注目すれば良いというのは古い考え方です。それは，どのメディアで送るかという選択も，ひとつの主張，意志の表れだという側面に着目したマクルーハンによって乗り越えられました。

　著者がよく授業で，学生たちに説明する「メディアは，メッセージである。」エピソードに，1980年代の長電話というネタがあります。著者が中高生だった1980年前後，プライベートな携帯電話などありませんでした。家の電話でクラスメートの彼女と長くしゃべっていると，決まって父親の雷が落ちました。

　父いわく，「学校で会えるのに，なんで家の電話でまで，長電話する必要があるんだ！ 話があるなら，明日学校で話せ！」。

　でも，著者は電話（というメディア）でしか話せない内容もあるのだと反論しました。学校で話して，さらに帰宅後も学校では話せなかった話をする。それ自体が，愛の深さを物語っているのだとも口答えした記憶があります。それでも納得しない旧世代には，こう言いました。

　昔から，学校で会える恋人同士が交換日記（というメディア）

を使っていたのは、なぜですか？ それは、交換日記（というメディア）でしか伝えられないメッセージがあるからでしょう。また会って話す以上に、文字にして残すことに大きな意味を持たせることもできたのでしょう。それと同様に、会えなくても、声だけに聴き耳を立てる長電話も、話す内容に特別の意味を持たせてくれるはずです。このようなロミオとジュリエットみたいな環境を乗り越えることこそが、著者にメディア論を考えさせ始めた契機だったのかもしれません。

つまり、メディアが増えれば増えるほど、伝えられるメッセージのバリエーションは増えるはずなのです。携帯電話やメール、LINEが出てきたからといって、若者がコミュニケーション不全になるはずはないのです。メディアを使いこなしさえしていれば、それだけ伝える意味内容も、多様になるはずなのです。もしも、若者のコミュニケーション能力低下を嘆くなら、スマホを取り上げるのではなく、対面もスマホもLINEもと多チャンネルを縦横無尽に駆使できる理想上の（神話化されている）"聖徳太子"のような直観リテラシーを備える教育をすべきなのです。特に最高学府である大学では、現代の"聖徳太子"養成を目指すべきです。

 開け！ メディア

記号学者U. エーコ（1967）は「開かれた作品」(Opera

Aperta）という考え方で，メディア作品（内容が乗っているメディア）に対する受け手の「解釈」の「主体性」を明らかにしています。

エーコの「開かれた」という概念を，わかりやすく説明できる学説があります。

H. R. ヤウス（1976）の挑発的な文学史観です。学校で習った文学史とは，メディア作品が，どの時代に発表されたかを羅列している年表のようなものだったでしょう。しかし，同じメディア作品でも，時代によって，どう読まれた（**開かれた**）か，違いがあるはずです。

そこで，同一メディア作品における読まれ（**開かれ**）方の（違いの）歴史を，新しい文学史とする学説をヤウスは提示しました。世に出された多くの作品を歴史的に（博物館の陳列のように）記述してゆくという作者中心の文学史を覆そうとしたのです。彼の新しい文学史構想は，ひとつの作品が，時代によってどのように理解されてきたのか，読まれ方の歴史，言い換えればリテラシーの変遷を探るという読者中心の方法論だったのです。身近なメディア作品で考えてみても，ピカソやダリ，ウォーホルなど，現代アートの読み方なんて，なんでもありでしょう。

テレビ番組の放送史といえば，「昭和〇〇年に『〇〇』という番組が高視聴率」などといった記述が目につきます。しかし，ヤウスの手法を取れば，放送されたひとつの番組が第

一回放送時と再放送時やビデオ発売時……によって，理解のされ方は変わっているはずです。その視られ方の歴史を記述するという新しい視聴者中心のテレビ番組史も可能でしょう。

　時代や環境，読み手によって，様々な読み方をされるメディア作品という考え方は，エーコの「開かれた作品」そのものだと言えるのです。メディア作品とは，どのような読まれ方，読み方もできる可能性が開かれている存在だという考えです。ですから，シェークスピア作品や小津安二郎作品は，時代によって数限りない読まれ方や見方が示され，文学研究や映画研究の対象として不朽であり続けられるのでしょう。読み方読まれ方にひとつの正解しかないのなら，文芸学部など終わりかねません。

　エーコは，閉ざされた作品と開かれた作品という二つの作品論によって簡潔な説明を示しました。著者なりに解釈して，以下に，わかりやすく解説します。「開かれ」概念を，三つのプロセスでさらに見えやすくします。

① 送り手（作者）が伝達効果を計算していようがいまいが，作品を完成させた時点において，受け手は作品に接することはできないため，それは一義的に固定され，送り手だけの**閉ざされた**作品となります。
② しかし，《**メディア**》で発信された作品は，受け手（読者）が個人的な視点（感受性や文化的背景など）をもって理解し

た時点において,最大受け手の数だけ多様に解釈され**開かれ**ているのです。
③ 結果,あらゆる**メディア**作品は,文学や美学上,送り手(作者)の計算あるなしに関わらず,受け手(読者)の個人的解釈というプロセス(① → ②)を経て,送り手(作者)の計算通りに伝わるとは限らず,不確定にならざるを得ないのです。すなわち最終的には,受け手(読者)へすべてが**開かれ**ているのでした。

以上で,エーコは文学に限らず,メディア作品をめぐる最も基本的なマス・コミュニケーションの道筋を提示していると一般化できるわけです。

 ## 誰でも使えるメディア像

自分から情報を探しに行かなければならないというサーチコストをかけずに,情報を得られるメディアがあれば,最も効率的なメディアだという考え方ができるでしょう。著者は迷うことなく,いわゆるテレビに飛びつきます。特に,民間放送地上波です。スポンサーの資金提供によって成立しているとはいえ,仮にCMの商品やサービスを買わなくても,番組を視ているだけで,フリーライド(タダ視)できるのですから。

マス・メディアを対象としたG. ガーブナー（1976）のクラシックな研究では，テレビを中心に考えた比較検討で，結果的に**開かれ**たメディア論を整理しています。

以下は，著者の意訳により，開かれたメディアとしてのテレビを際立たせたガーブナーの所説です。

★ガーブナーのメディア比較（主な要点）
①「印刷物と違い，テレビは（文字を読む）リテラシーを要しない。」
②「ラジオと違い，テレビは話しかけてくれる上に，見せてもくれる。」
③「演劇，コンサート，映画，そして教会とも違い，テレビは出かける手間を要しない。」
④「映画と違い，テレビは『無料』である。（CM代があらゆる商品に上乗せされているが。）」

(Gerbner, G. and Gross, L., "*Living with Television: The Violence Profile,*" Journal of Communication, Spring 1976, p. 176. 拙訳.)

今となっては当たり前の条件ばかりですが，テレビというメディアが受け手へ**開かれ**ている条件を，物理的に肯定できる点のみ端的にまとめたはじめての所見だったのです。

しかし，ガーブナーは昔ながらの送り手中心主義で，「送り手 → 受け手」のプロセスを「カルティベート」（cultivate）

と銘打っています。カルティベートとは，送り手が理想とする受け手像を養成するような過程です。それは，伝統的マス・コミュニケーション論に位置付けられる受け手への一方的な「効果・影響」研究の理論的支柱にもなりました。つまり，メディアが**開かれ**ているということは，受け手にだけではなく，送り手にも**開かれ**ていると考えられるでしょう。それは，送り手にも都合の良いようにメディアが利用できることに他なりません。

> 「文字をたくさん使って長々と謳い上げるよりもテレビで数秒間映ったほうが反響を呼ぶことも多い。『おもいッきりテレビ』でみのもんたが持ち上げたモノは飛ぶように売れるわけである。」(ナンシー関『秘宝耳』朝日文庫, 2002年, p.72.)

ですから，ナンシー関が皮肉るような送り手に先んじて，受け手であるわれわれがつけ入るスキとして，**開かれた**メディアを利用できる直観リテラシーを身に着けることが大事なのです。

いずれにしても，メディアとは絶対的な存在ではなく，送り手にも受け手にも**開かれた**相対的な存在なのです。では，ガーブナーの**開かれた**メディアとも言えるテレビ像を，受け手が都合の良い様に利用できる策を考えてみます。

まず、日本においても、民間放送地上波はガーブナーの言う通り原則無料です。さらに端末に安住していればひたすらサービスを受けられるというテレビ局は、社会情報の百貨店とも言えるでしょう。そして、受け手である「匿名性」を保障された視聴者は、テレビ受像機の前で、誰に気を使うこともなく、好き放題に文句が言えます。その環境は送り手からの操作や悪影響をモロに受ける機会というより、むしろストレスを発散させる機会として肯定的に分析した結果も出ています。

　S. フェッシュバックとR. D. シンガー（1971）による調査研究では、テレビにおける過度な性描写や暴力表現が、視聴者に悪影響を及ぼすよりも、ストレス解消というカタルシス効果が大きいという結果を提示しています。もちろん、テレビの表現に助長されて犯罪行動に走った人間が、まったくいないわけではないでしょう。これは、交通事故での死者が毎年、何千人もいるが、もはや物流システムに組み込まれた車を全廃するわけにはいかない問題と似ています。要は、運転手に**開かれた**車に罪はないのですから、交通事故対策としては、運転手の技能を磨くしかありません。同じように、**開かれた**メディア像も、受け手が間違った読み解きをしないように、リテラシー教育を徹底するしか策は見えません。

　「そもそもテレビとは、われわれにとって何であるか、

いちばんたしかなことは，テレビとは，それをわれわれが『見物』することによって意味をもつコミュニケーション・メディアだ，ということである。テレビのあの画面は，見物する対象なのである。『視聴者』とか『受け手』とか呼び名はいろいろあろうが，テレビの前にすわっているわれわれは，要するに『見物人』なのである。」（加藤秀俊『テレビ時代』中央公論社，1958年，p.7.）

クラシックな社会学者，加藤秀俊が言うように，「受け手」は「見物人」と捉えれば，送り手の一枚上を行く"高みの見物"という直観リテラシーの簡単な発露が考えられます。

メディアという物の 理(ことわり)

ややこしい話ですが，メディアは物理的にどうにでもなる柔軟で多様な存在だということを，最も単純化した論理で説明します。

物理学の分野において，量子力学の考え方が「観察者」としての人間に，全面的な「主体性」を認めようとしています。この物理学の考え方は，観察対象がメディア作品の場合も**開かれ**ており，その内容は観察者に決定権があるという考え方と重なることを，エーコ自身も示唆しています（Eco, 前掲書, 邦訳 pp. 62-65.）。

A. アインシュタイン (1905) の「特殊相対論」は,「時間」概念における「観察者」の「主体性」を認めています。また, W. ハイゼンベルグ (1969) の「不確定性原理」は,「空間」概念における「観察者」の「主体性」を認めています。つまり, 時間と空間に位置するすべてのメディア作品は, 観察者であるわれわれに**開かれ**ており, 内容を決定する基準は, われわれの読み解き能力, つまりリテラシーにあるのでした。

　物理学の考え方を, メディア作品でさらにわかりやすく説明します。文学研究の分野においては,「読者論的批判」(reader-oriented criticism) という考え方が,「読者」としての人間に全面的な「主体性」を認めようとしています。

　批評の歴史には, まず作者に一義的な「主体性」を認める伝統的批評がありました。その次に,「作品」は作者の手から離れた時点で「メディア」として自立する(「主体性」を発揮する)という主張に基づいた「ニュー・クリティシズム」(new criticism) などの考え方が現れました。そして, S. フィッシュ (1980) は,「作品」を相対化し「自らテクストを生成する読者」という主体的なリテラシーを有する読者像を提示して, メディア作品は必ず**開かれ**ているという条件を決定づけたのです。

　結果, マス・コミュニケーション論においても,「観察者」すなわち「読者」たる「受け手」が自らのリテラシーを駆使して, メディア作品を自由に読み解く過程が物理的に想定で

きるでしょう。

ライジングTV

　人間とは，言語で思考する唯一の生物です。ですから活字を見て，脳で言語思考するのは簡単でしょう。対して文字以外の映像を見て，それから脳で言語に変換して考えるには，高度な技能を要します。前者は，読書，後者は，考えながらのテレビ視聴に代表されます。

　人為的な文字なしの映像だけでも成立するテレビですが，五感を使って世界を認識する人間にとっては，視覚と聴覚だけの不完全なメディアだとも捉えられます。しかし著者は，この無味無臭のデオドラントされたメディアこそ，現代人の潔癖性向にはフィットしていると考えます。ビデオゲームにハマっている学生たちに聴いても，世界を認識する手段として，臭いや触感はなるべく避けたがっています。そしてもうひとつ，テレビが特徴的で重要なのは，"光源"のメディアだという点です。

　今も浮世離れしたアイドル感を保つ松本伊代さんの唄に，『TVの国からキラキラ』（作詞：糸井重里，1982年，ビクター）があります。まさに，テレビが"光源"であることを知らしめるメッセージ・ソングでした。

　人間には，地球上の生命体の中で唯一，火を操り，太陽に

代わる"光源"をコントロールして，情報の覇権を握ってきた歴史があります。現在，夜，家に帰って照明を点ければ，部屋が明るくなるでしょう。そして太陽が沈んでいてもテレビを点ければ，明るい世界観（多くの社会情報）が開示されるのです。太陽が沈んでからでも，このように長い時間，人間が"光源"を見つめるという行為を始めたのは，テレビが登場してからです。テレビは自ら発光しているのです。それに惹かれるのは人間だけではありません。夏の夜，窓を開けていると，テレビ特有の点滅する画面には，虫たちも集まってきます。つまり，生物が導かれる"光源"としても，テレビはその存在感を示しているのです。

　人間は，書物然りほとんど全ての情報を，《反射光》で見てきたはずです。火や電気による照明も，使途は大方が情報を含むモノを照らす《反射光》です。活字情報である本はもちろん，映像情報である写真も映画も，《反射光》でした。

　ぼーっとして，ロウソクの炎を見つめるなど，"光源"すなわち《直射光》を見ることはあっても，情報摂取の手段に"光源"すなわち《直射光》を見つめるのは，人類の歴史でテレビがはじめてでしょう。今や，情報の"光源"すなわち《直射光》は，コンピュータのディスプレイや携帯電話のモニター等へと重心を移しつつあります。しかし，それらは操作の対象として"光源"を相対化していき，ただ単に目を奪われるという感覚は失われつつあります。ひたすら見つめるだけに特化で

きる，神々しいばかりの"光源"としての《直射光》は，テレビがメディア史の臨界点だと著者は謳っています（拙稿「メディア史の臨界点，テレヴィジョンの映像」2004）。

絶対的な生の源として，人間は太陽を仰ぎ見てきました。それは太陽神という信仰が生まれたことにも表れています。時に《直射日光》は，人間の手で造られた〈ステンド・グラス〉を通しながら，宗教者たちによって神の啓蒙を請け負わされていた時代もありました。《直射日光》による〈ステンド・グラス〉の宗教的利用と，《直射電光》によるテレビの宗教番組の出現は，同様に"光源"による啓光の力を示しているでしょう。

著者は，テレビに出る人を，「放光人間」と名付けています。テレビ画面で光る出演者たちは，ホタルのように自らの存在感を示しており，結果として後光が射すような神々しいイメージとして受け手の網膜に映る可能性があるという意味からです。また，誰からも見られる神という意味では，「放光人間」に様々な説明が付けられます。例えば，授業で「なぜ，芸能人の中には，（薬物事犯など，）法を犯して有罪になっても，簡単にテレビに復帰するひとがいるのか？」と質問を受けた時，著者はこう答えました。

「テレビに出続けて光を放っていれば，誰でもすぐに（ホタルのように）見つけられます。結果論ですが，たとえ執

行猶予期間中でも，テレビに出ていれば視聴者から常に監視されていることになるのです。」

「芸能界はいるだけでは食えないが，テレビは出てるだけで食える。テレビに出ている芸能人は，たとえその画面の中で何をしていようとそれは『労働』の瞬間であり，今まさに『稼いで』いる姿なのである。」（ナンシー関『テレビ消灯時間2』文春文庫，2000年，p.53.）

ナンシー関の考えを借りれば，罪を犯した芸能人も，針の筵(むしろ)でテレビに出ていれば，懲役にも値するのでしょう。

リテラシーフリー！ なメディアとは

1980年代，超常現象を扱った映画『ポルターガイスト』（トビー・フーパー監督，1982年，米ワーナー）の中で，心霊リテラシーとも言える霊の読み取り能力を持つ少女がテレビ画面を見つめて，他者には見えない"TVピープル"と対話をするシーンがあります。"光源"に対する人知を超えた畏怖の描写といえるでしょう。日本のホラーでも，映画『リング』（中田秀夫監督，1998年）で人知を超えた恐ろしい貞子は，"光源"であるテレビ受像機から這い出してきました。

そして1990年代末期，日本においては，テレビでアニメの

『ポケモン』を視ていた子どもたちが，次々と光の点滅に過剰反応して，けいれん症状を起こす事件がありました。現在も光が激しく点滅するシーンを含むテレビ番組には，必ず「テレビを見るときは部屋を明るくして離れて見てください」「（子供向けに）部屋を明るくして離れてみてね」などと注意するテロップが流れているのは，ピカチュウが発端です。

　当時，子どもたちが起こしたけいれん症状は，コントラストの強い《直射光》が，短い間隔で点滅する画面を凝視したことによる"光感受性発作"と診断されていました。それは明らかに，子供達の明順応（light adaptation）という身体的なリテラシーの欠如です。しかし，人間にはジェット・コースターなどの絶叫マシンに，耐性ギリギリにもかかわらず乗ってしまいたいという衝動があります。同様に，《直射光》を視神経に浴びれば，過度な刺激であることなど誰にでも想像出来るでしょうが，興味が先立ちテレビは見続けられてきたのでした。

　テレビというメディアを，ジェット・コースターと同じように楽しむ為には，まず光覚（light sensation）という身体的なリテラシーを鍛えなければなりません。光覚とは通常，われわれは日常生活の上で，光源と接する機会と経験値を高めながら，大人の目線として体得してきたはずの感覚です。例えば《直射電光》に対しては，誰しも眩しくて幾分目を逸らす反応の継続として，「ながら視聴」を生理的に行い順応し

てきました。ですから,「ながら視聴」をADHD（注意欠如・多動性障害）であるかのように,診断もしくは批判するのではおかしいのです。それよりも,「ながら視聴」は,"斜に構えて見る"という直観リテラシーや批評精神に繋げる教育が必要なのではないのでしょうか。著者は,「ながら視聴」→"斜に構えて見る"：テレヴィズム, と主義主張のようにまで意味付けて, 名付けています。

実際に著者は, ほとんどの社会情報を, テレビから得ています。バリアフリーと同様, 誰でも使えるリテラシーフリーなメディアだからです。そして, 視聴者はイージーライダーならぬフリーライダー（タダ乗り）と言えるでしょう。

情報摂取のために, テレビに代表されるマス・メディアを利用するのは,《外食》か,《デリバリー》に近い感覚です。対して, ネットで情報を取りに行くのは, 自給自足とまではいかないまでも, メディアを（利用というより,）使用する《自炊》に近い感覚で, 面倒です。ですから, 著者はひたすらテレビで《外食》して, 社会情報を《デリバリー》してもらっています。そんな怠惰なマス・コミュニケーションの受け手でも, 読み取り能力としての直観リテラシーさえ鍛えれば, 責任の所在が明白なマス・メディアを, ツッコミや批評のスパーリングパートナーとして使用できます。そしてメディアの選択肢が増え, 情報が増えた結果, 多くの市民は耳障り良く都合のいい内容しか選ばなくなりました。メディアが限ら

れて情報が少なかった時代は，市民も内容を鵜呑みにするしかなかったのです。それがメディアの選択権を得て，時間と共に成熟した市民は懐疑的にもなることができ，独自の直観リテラシーを編み出して，批評精神が育ったのです。

　大学の教室では，著者がリテラシーフリーのメディアとして，型にとらわれないデザイン思考のライヴ授業を行っています。ですから毎回，授業に対して，教えるまでもなく，ツッコミやちゃちゃを入れてくる学生レポートが，直観リテラシーの成長記録として楽しみなのです。

Chapter 3

見えやすい内容論

 ## 真実とは

　ある日,88歳の母がテレビの報道番組を見て怒っていました。不祥事で大臣を更迭された国会議員のニュースをやっているようです。政治スキャンダルなので,彼女が怒っていた理由は理解できます。ところが……画面に目をやると,議員の大臣就任当時の雄姿がVTRで流されていました。母は,「大臣をクビになった奴が,今頃なんでニコニコしてテレビに映っているんだ。けしからん!」と激怒しています。念のため言うと,くだんの大臣就任映像がリアル・タイムでオン・エアされた数年前には,母も拍手を送っていたはずです。

　もしこんな視聴者がいたら,**内容を読み込む**リテラシーの基本原理を教えてあげましょう。

　時間進行と共に「真実」(truth) は変化します。それは歴史が雄弁に物語っています。自然科学においては,かつて共訳されていた(みんなが信じていた)"天動説"から現在共訳されている"地動説"への変遷などが,象徴的に挙げられるでしょう。

　テレビのニュース番組における報道**内容**の「真実」にしても,将来に新しい「真実」が明かされれば,かつての「真実」は「虚偽」(falsity) に転調するのです。

そして事実とは

　年齢的に、ひとつの週刊紙を読むのが精一杯の88歳の母は、その**内容**だけをすべて信じています。いや正確にはすべてではなく、書いていない（見えない）部分まで拡大解釈しています。

　ある日その雑誌に、バラエティ番組におけるやらせ問題をやり玉に挙げる記事が出ました。素人と偽って、プロを紛れ込ませていた番組のからくりが報じられていたのです。その日から、母にとって、素人のど自慢番組の出場者も全員プロの歌手にされてしまいました。警察や救急病院の実録モノに出てくる人も、みなプロの俳優になってしまったのです。驚くことに、ニュース番組の街頭インタビューに登場する、通りすがりの人々は、地味な面持ちのためか番組スタッフが代わりに出ているのだと深読みされてしまいました。つまり、一旦やらせという番組のからくりを見破るリテラシーが身に着いてしまったひとの中には、すべての番組に、やらせ見破りリテラシーを適用させてしまう可能性があるのです。

　もしそんなひとが他にもいたら、**内容を読み切る**リテラシーの基本原理を教えてあげましょう。

　カメラというメディアが照射する場面とは、光が当たる一面であり、裏側には陰も隠然として存在します。陰の場面で

何が起こっているのかは，そのカメラのフレームには捉えられません。

　ニュース映像は取材者・カメラマンの**メディアである**「視点」にのみ依拠した，**内容となる**「事実」(fact)の報道に過ぎないのです。別の**内容となる**「事実」が，他者の**メディアである**「視点」から発覚すれば，前言は一面の「事実」でしかなかったと言わざるを得ないでしょう。

　結果，人間による「視点」の設定そのものが，広い意味で"やらせ"という意志の表現であるとは言えないでしょうか。<u>「視点」="やらせ"</u>です。誰かが操るメディアで切り取られた**内容**に，完全無欠の「事実」などあり得ないのです。さらに，撮ったVTRのどの部分をカットして，どの部分を放送するのかといった「編集権」の行使などもまた，新たな「視点」の構築に他ならないのでしょう。

　ここに，放送法や各種倫理規定で謳われる「公正」(fair)の概念が揺らぎます。戦争状態にある地域からの報道のため，従軍したカメラマンが被弾するというケースがよくあります。時に彼らは，自分は「公正」な"ジャーナリスト"であると心中で叫びながら，戦渦へ飛び込んで行くのかもしれません。しかし，対岸からは撃たれてしまいました。映像メディア，カメラによって構築される「視点」と，銃器のスコープ(照準)によって構築される「視点」とは，その「視点」が持つ意志，目的の違いなど，対岸から見れば識別できません。いや，対

岸にとっては同じことなのかもしれないのです。さらに、撮影する行為は、英語でもシュート（撃つ）と言います。よって、反撃されてしまったのです。

　これらは、単なる誤射と片付けられる事態なのでしょうか。一面の「事実」報道に対する、他の「視点」からの反論の象徴なのではないのでしょうか。つまり、ジャーナリズムの概念としては、結果として「中立」（impartiality）などありえないのです。「事実」の完全性は、一面に光を当て、「視点」を立てた時点で、瓦解(がかい)してゆきます。その「視点」から見た「事実」に過ぎなくなってしまうのでした。

　<u>誰から見ても、誰が聴いても読んでも、必ず真実・事実だと言える**内容**などありえません。</u>
　<u>ならば、流されてきた**内容**が、自分にとってどういう意味や意義があるのかを、各自が読み解く直観リテラシーを編み出すしか、われわれが納得のいくマス・コミュニケーションの完結はないのです。</u>

 ## フェイクニュースはなくならない

　2016年、アメリカの大統領選挙期間中に、トランプ候補の広報戦略担当であったスティーブン・バノン氏がフェイク（いんちき）ニュースを流したと批判されました。全世界に大き

な影響力を持つ宗教指導者がトランプ候補を支持しているという**内容**のニュースを手持ちのメディアから流したというのです。

　この件に関して、当事者のバノン氏は、その宗教指導者の**周辺の人物が**「彼（宗教指導者）はトランプ候補を支持している。」と**言っている**という**二次情報**のニュースを流しただけで、フェイクではないと強弁したと言われています。つまり、バノン氏は**又聞き**したという事実を流しただけで、結果、受け手の一部が、**又聞き**の説明部分を聴かずに、宗教指導者がトランプ候補を支持したという部分だけを勝手に切り取り、一次情報だとして信じてしまったと言うのです。この誤った情報の流れは、バノン氏だけが演出した悪意なのでしょうか。いや今に始まったことではありません。

　日本の新聞でも、過去の報道を紐解いてみると、多くの政治記事に、**政府関係者がこう言った、首相周辺がああ言った**などという曖昧なニュースソースからの**二次情報**に出会います。それと、バノン氏が流した、宗教指導者がトランプ候補を支持していると**言っているひとがいる**という紛らわしいニュースは、どこが違うのでしょうか。同様の**二次情報**です。

　この**二次情報**におけるフェイクまがいの紛らわしさを無くすには、情報源の明示を義務付けるしかありません。では、ニュース報道においては、常に情報源を明示すべきなのでしょうか。もし、情報源を明示することが、メディアに義務

付けられる，または至高の倫理観であるとされたならば，多くの情報提供者は，反響を恐れて沈黙するでしょう。匿名であるからこそ，報道できる**内容**にあふれているのは，今に始まったことではありません。そして，匿名でしか報じられない情報**内容**のどれがフェイクなのかは，多くが藪の中です。

情報源があやふやなニュース**内容**に対しては，その真偽を，できれば見破り，不可能でも少なくとも怪しんでいる反応を送り手に示せるような直観リテラシーを，われわれ受け手は編み出しておく必要があります。でなければ，絶対になくならない，なくなりようがないフェイクニュースが，国の行く末を左右しかねません。

マス・コミュニケーションの受け手には，例えば，世界に最も影響力のある宗教指導者が，軽々にトランプ支持などと言うわけがないと《直観》でわかる単純なリテラシーくらいは持ち合わせて欲しいのです。

でなければ，首相の横にひとを立たせて，悪意のある首相の発言を聴いたとやらせで言わせれば，「首相の周辺によると首相は〇〇と言った。」などというフェイクニュースが，誰でも簡単に流せるでしょう。それが避けられない現実なのです。

マス・コミュニケーションの末端にいるわれわれは，そんなこと言うはずがないと簡単に見破る直観リテラシーを編み出すしかありません。

マス・コミュニケーションの過程においては，研究者でもない大半の受け手が，フェイクニュースを検証しようとしたところで，以下の3点から，無理難題だからです。

（1）著名な発信元以外の内容は，(匿名のリークもあり,)真偽が確定できない。
（2）あふれるニュースを，いちいち他のメディアにおける報道内容まで，複数チェック（比較）する時間も手間もかけられない。
（3）内容が断定できているかを判断基準にすれば，(国会の証人喚問のように)逆に曖昧な表現なら許されるという逃げ道にされ，あやふやな内容があふれかねない。

よって，瞬時に見破る！ 直観リテラシーを鍛えるしか，フェイクニュースに惑わされない受け手の生き残り策はないと著者は考えます。鍛錬の方法は，例えば『メディア論』の授業において,教員＝送り手,学生＝受け手というシミュレーションで実践できます。

　「やらせに対する『嘆き』より，あの番組がやらせなしのドキュメントだとした場合のほうに，より深い『嘆き』があるのは事実である。
　ああ，せめてやらせであってくれ，と逆に願ってしま

う状況に，最近しばしばおめにかかる。(中略) こんなペラペラな現実が，本当に存在するなんて信じたくない。」
(ナンシー関『秘宝耳』朝日文庫，2002年，pp.103-104.)

　ナンシー関のコラムを見ると，少なくとも一部の受け手は，やらせを見破るどころか一枚上手の批評眼を持っています。それに比べたら，やらせを見破る直観リテラシーなど，すぐに身に着けられるはず。ですから，フェイクニュースをなくすには，フェイクニュースを流しても，直観リテラシーで即座に見破り，誰も信じないような民衆理性を確立して，悪意のある送り手からフェイクニュースを流したやり甲斐を削ぐしかないでしょう。

　フェイクニュースを見破る直観リテラシーを，大学で簡単かつ確実に養うためには，懇切丁寧な履修ガイダンスをやめるべきだと著者は考えます。正確な履修要項があるのですから，その先は友人，先輩などから聴く玉石混交(ぎょくせきこんこう)の情報を取捨選択し，有用な内容を活かして単位取得を全うすることが，大学で最初に習得すべき教養なのではないでしょうか。著者が学部学生だった時代はガイダンスなどなく，入学してまず履修情報の収集と分析を行うことが，直観リテラシーを養うアクティブラーニングでした。

見方によっては，報道内容など，すべてまがいもの

　政治報道の王道に，選挙における投票率を上げるのが大義だと言わんばかりのキャンペーンがあります。例えば，どんな選挙でも，投票率が30％などということになれば，どのメディアもその選挙結果は，投票率が低すぎて，民意が反映されていないと報道するでしょう。

　もし，30％の投票結果が民意を反映された**内容**ではないと言うのであれば，メディアが行う世論調査は，どうでしょう。世論調査の結果は，新聞一面に踊り，ニュース番組でも大々的に取り上げられて，時として政治動向を左右します。しかし，世論調査の対象となる母数は，どれほどのサイズでしょうか。30％もの国民から回答を得た世論調査など聞いたことがありません。

　ほんのコンマ何％にも満たない何千人規模の世論調査がほとんどでしょう。その調査結果を用いて，民意は現政権を支持していないなどと突きつけているメディアですが，調査**内容**の妥当性を標榜できる立場なのでしょうか。何千人規模の回答者数でも，統計学的には正当性のある数なのでしょう。しかし，いつもケチをつけている選挙の投票率と比較してみれば，世論調査の結果など，無効と言うべきレベルです。

　改めて，選挙の投票率が30％なら，どうでしょう。多くの

メディアが、低すぎて民意が反映されていないと糾弾します。しかしメディア自身が施すほんのわずかな対象者数の世論調査は、その結果（内容）を政権に突きつけます。報道する大義（内容）の根拠が矛盾しています。

　そして、政治報道において決して流されない**内容**に、有権者批判があります。政治家を批判する**内容**にあふれた番組や紙面にも、その政治家に投票して当選させた有権者の責任をストレートに問う**内容**に出会ったことがありません。曲がりなりにも民主主義が反映される選挙制度の日本です。政治家の不祥事が発覚しても、次の選挙で当選して禊(みそぎ)を済ませたと居直る言動を批判する前に、元凶を断つには、当選させた有権者に責任を問うのが道理でしょう。汚職まみれだった○○に投票して当選させた△△選挙区の有権者を正す！ などという金権政治に根本治療を施す報道**内容**に出会ったことがありません。結局、ポピュリズムを批判するメディアの**内容**こそ、大衆迎合で成り立っているというまがいものの極みだったのです。

　しかし、このように、メディアが流す**内容**は、常に不完全だからこそ、そこにつけ入る批評精神が生まれるのです。そして批評精神の前提は、不完全な**内容**や矛盾に即応できる受け手の直観リテラシー装備です。

それでも井戸端会議より，編集会議

　食事のメニューを吟味する前に，食べるか／食べないかは，絶対に必要な決断です。内容論を語るにも，個々の情報の内容分析より前に，どんな議題（agenda）に設定するか／しないかが，シンプルな編集権の行使として最も重要な論点なのです。

　ただ，マス・メディアが議題設定しない場合でも，その**内容**はネットで拡散されるという見方もあるでしょう。しかしこの先も，玉石混交の虚実入り乱れたネット情報を，市民は心底信じる時代が来るのでしょうか。今後，市民がネットで飛び交うフェイクニュース慣れした結果，傾向として著者が考えるのは，ネット情報の**内容**をにわかには信じない民衆理性が育っていくことです。そして，多くの市民が，震災が起きた時など有事に頼りとして選ぶのは，文責を負ってきた伝統のあるマス・メディアによる報道**内容**でしょう。

　ならば，新聞やラジオ，テレビが，どんな**内容**を議題として設定するか，しないかは，大きな意味を持ちます。そして，**内容**を左右する究極の編集権の行使とは，伝えるか，伝えないかの二択です。

　「ある人が『世界中のあらゆるところにテレビカメラが

あって，それを流す無数のチャンネルを選べるというのが究極のテレビだ』と言ったそうだが，私はそれはつまらないと思う。（中略）『テレビは誰かの視点による』というのは怖いことではあるが，その視点がすぐれていれば楽しいことでもあるのだ。」（ナンシー関『ナンシー関の名言・予言』世界文化社，2013年，p.176.）

ナンシー関の見方を借りれば，なんでもかんでも報道すればいいとは限りません。紙面や放送時間の限りがあるのはもちろんですが，世界にあまねく情報の中には，<u>不必要な**内容**が必ずあるはず</u>なのです。

テロをなくすための編集

議題をセットするか，しないかで，世の中を左右する最もわかりやすい例を挙げていきましょう。

2002年9月，首都圏に現れたアゴヒゲアザラシが，テレビ局によってタマちゃんと命名され注目を浴びていました。今となっては，記録に留めておくほどの話題ではありません。しかし，連日タマちゃん報道で埋め尽くされていた当時，9月11日だけ，多くのマス・メディアが**内容**をタマちゃん抜きで，特別編成にしていたという事実は重要です。

テロリストが旅客機を占拠して，アメリカ繁栄のシンボル

ともいえるWTC（ワールド・トレード・センター）に突っ込んだ9・11からちょうど1年目だったのです。

　全世界で皆が悲しみを新たにしている反面，喜んでいるのはテロリストだと著者が《直観》した日です。著者は，9・11からちょうど1年目の報道をブラック・アウト（封印）に徹するべきだと考えました。報道などしなくても，忘れられない方々が，個々人で黙祷するべきだと感じていました。

　テロリストたちは，WTCにかかわる個々人に標的を絞って，殺傷したかったわけではありません。当時想起し得る最もテレビ映えする場所を選んだのです。そしてテロ貫徹後，彼らは，それを報道するメディアを拡声器として，自分たちが伝えたいメッセージを全世界に知らしめたかったのでしょう。

　マス・コミュニケーション研究の黎明期には，影響力のある**内容**を運ぶメディアを爆弾（bomb）に擬えるという強力効果説がありました。9・11とその報道は，あたかもその実証実験のようになってしまったのです。2001年9月11日，テロリストたちは，攻撃対象であるパックス・アメリカーナ（アメリカ陣営）の人々を悲嘆に暮れさせることに，メディアを通して成功したのです。さらに，2002年9月11日，テロリストたちは何も行動せずに，再び敵を悲しませることに成功した映像を，われわれはメディアを通して目撃しているのです。テロリストたちは，2001年の一撃（≒爆弾）だけで，毎年9

月11日には，敵視する多くの人々がダメージを受けたニュースを知ることが出来るのでした。

　思考実験の限りですが，テロリストたちは，1年間で9・11以外の残る364日すべての日に大きな一撃を加えれば，敵を永久に365日悲しみ続けさせることができるという極論になります。つまり，9・11とは，メディアの報道**内容**を通して，テロの有効性を追認してしまったと言える歴史的な出来事なのです。

　やはり毎年，追悼報道される**内容**に，阪神大震災があります。著者も，地震をはじめとした天変地異に関しては，哀悼の意を表してそれを報道することは，正直な気持ちだけで完結するニュースだと考えます。しかし，背後に意図のある悲劇は，慎重に扱わなければならないでしょう。例えば，誘拐事件などにおいては，報道する側は完全な協定を結び，人質の命を最優先に犯人逮捕を目指すことが出来ます。（過熱ではなく凍結する集団統制としての）クールなメディア・スクラムを行える一例です。ならば，まだ全世界が人質のように取られたまま，犯人すべてが逮捕に至っていないテロ事件を一年後，再びトップ項目に掲げる**内容**は思慮が足りないとは判断できないでしょうか。非道なテロリストたちは，一年後も悲しむ敵陣営という報道**内容**に，悲しむどころか，喜んでいるとしか著者には想像できません。

　では，どうすればいいのでしょうか。犠牲者への哀悼は，

個々人が胸の内で捧げるものという原点に立ち戻るべきではないでしょうか。公的使命を帯びたメディアがなすべきことは，再発防止であり，未だ野に放たれているテロリストたちのテロを抑止する（気勢を殺ぐ）ことでしょう。

　2002年9月11日，日本では，タマちゃんのニュースを軽視する向きもありましたが，著者は他愛もないニュースこそトップに掲げてから，テロ一年後の追悼ニュースをささやかに報道するような編集権の戦略的な行使があってもよいと考えました。テロの後遺症が，かわいいアザラシ報道の後塵を拝するという番組編成こそが，テロリストたちに悪行の虚しさを痛感させる，せめてもの手立て（工夫）であると考えたのです。しかし，毎年9月11日，マス・メディアの追悼報道が，いの一番にわれわれの精神的なダメージを，テロリストたちに報告する内容となるのだとしたら，彼らにとって，それは自らの戦果を改めて確認することであり，再びテロによる闘争へ意を強くする危険性があるでしょう。

　ジャーナリズムに危機管理という使命感があるならば，全世界が悲嘆に暮れるというテロリストたちに弱みを見せるような報道はしないで欲しいのです。逆に，テレビなどでは9・11関連の番組こそ，バラエティ化するくらいの虚勢を張って欲しい。著者には，事件直後からWTCの瓦礫や残骸を，そのままテーマパークにして，物見遊山にやってくる客から法外な見物料を徴収し，それを被害者支援に回すというしたた

かな企画が考えられました。この場合，冷や水をぶっかけるという異化効果は，眠れるテロリストたちに及ぼすのであり，われわれは笑いながらも，個々人の胸の内で犠牲者に哀悼を捧げることの出来る強いグラス・ルーツ（根性ある市民）になれるのです。

荒唐無稽と思われるかもしれませんが，こと人間の回復力というのは，虚勢や希望が叶えてくれるものです。著者は，ステージ４に近い下咽頭がんと宣告された我が身を振り返り，悲嘆に暮れるどころか，虚勢を張り続け，治療もリハビリも笑いに変えて，克服しました（拙著『楽天的闘病論』2016）。がんは，絶望して，悲嘆に暮れると自己治癒力は下がります。つまり，がんの思うつぼとなり，がん細胞は増殖するのです。逆に，虚勢を張ってでも，明るく振舞っていれば，自己治癒力は上がり肉体組織は生き残ろうとします。それは，人間たちが織りなす社会組織でも同様でしょう。

ゼロという編集権（ブラックアウト）

挑発的なテーマ設定ですが，メディアの内容論を検討する思考実験として，建設的な極論を提起してみます。

内容は，引き続き全世界が直面するテロリストのやり甲斐を殺ぐ（削ぐ）ための処方箋です。提案は，組織テロには，報道封殺を，個人のテロは，侮蔑してやれという報道姿勢を

取ることです。報道封殺とは，そのテロ事件を一切伝えず，全くニュースや記事にしないというブラックアウトの状態を指します。また首謀者などに対しては，プライベートから過去まで論（あげつら）い，徹底的に批判というよりバカにするくらい侮辱する姿勢です。それによって，組織は，テロを行っても世間にアピール出来ないことを思い知らされ，個人は，メディアによる大衆リンチという惨めさを思い知って，模倣犯を抑止，連鎖を断ち切れる可能性があるという考え方です。

表現の自由を多くの国の最高法規（憲法）が保障するなら，その**内容**は，言葉（言語）だけではなく，暴力であっても構わないというテロリズムの論理が生まれます。それを封じるために，メディアが講じられる最終手段は，テロに対するブラックアウトです。

<u>例えば9・11テロ以前，無名のビンラディンが話す言葉に対して，世界は聞く耳を持ち合わせていたでしょうか？ 9・11テロの首謀者としてのビンラディンが語る**内容**なら，全世界が聞き耳を立てるから，全世界のメディアは報道したのです。だから，彼はテロを行いました。</u>

マス・メディアがなし得るテロ防止策。そのひとつは，テロ自体のニュースをブラックアウトし，全世界が聞く耳を持てなくすることではないでしょうか。それすなわち，**<u>テロは世界に響かない</u>**と，テロリストたちに周知徹底させることです。それが，メディアの大義になるのではないでしょうか。

内容ゼロの編集権を発動した効用です。

しかし、この極論に対しては、ブラックアウトしたら、犯人検挙に結びつく情報などが、市民から得られなくなるのでは？ という反論があります。しかし、ゲリラ組織という形態は、ひとりふたりのパーツを捕まえたところで、他のパーツが復讐しに来るだけの柔軟性を持った巧妙なしくみです。個々人の検挙は、逆に、復讐の連鎖を呼ぶでしょう。個々の抑留より、大きな流れを抑止する有効策こそが、**内容**ゼロのブラックアウトだと著者は考えます。

また、マス・メディアが報道封殺しても、いまやネットで情報が流れるのではないか？ という危惧も出てくるでしょう。しかし、玉石混交の言説が渦巻くネット情報は、未だマス・メディアに比べて世間の信用度が低いのが現状です。それでは、自己顕示欲が強いテロ組織の利用と満足という条件に適わないでしょう。テロリストが、いくら無頼を気取っていても、最終的に欲しているのは、伝えたい**内容**が信用される拡声器（メディア）なのです。

さらに、メディアが報じるべき**内容**には、テロ被害者の家族に、その氏名を伝える役割があるとも言われますが、それらは新聞の死亡欄の拡充で充分でしょう。死亡欄に名前が溢れれば、世間は注目するでしょうし、必要な家族や知人は誰も見失わないでしょう。その死亡原因に、テロの事実だけを淡々と記しておけば遺族への通知の役割は果たせるはずです。

死亡欄だけなら，テロの大義に通じるような背景の説明などは必要ないので，テロ首謀者のやり甲斐は充足させません。

処方箋としての解決報道

続いて，個人の犯罪の連鎖を断ち切るための極論は，侮蔑する**内容**です。

テロに代表される無差別殺傷事件の背景を，社会的な問題に還元したり，犯人の心の内を深読みすればするほど，犯罪者も世の中の犠牲者として分析されることがあります。その果てには，英雄視されかねません。極論ですが，逆に彼らを徹底的に（ボロクソに）侮蔑すれば，模倣犯のやり甲斐は削がれ，連鎖を止められる可能性が想像できないでしょうか。

テロの連鎖を止めるために，社会の公器であるメディアが取るべき態度は，テロリストの生い立ちや背景を庇(かば)う事ではないはずです。けちょんけちょんに蔑(さげす)むこと。そうすれば，テロ事件を起こしたら，さらにこんな酷(ひど)い**内容**が報道されるなんて……と，追従する者は減ると考えられないでしょうか。これは，自爆テロではなく，"犬死"である！と，糾弾する**内容**を報道しなければ，負の連鎖は止まらないと著者は考えます。

なまじ，テロリストの心情を〈理解〉するような**内容**の報道は，それに触れた潜在的なテロリストがテロを起こす精神

的な引き金になりかねません。これは，愚行である！とバッシングすることこそが，連鎖を防ぐ唯一の手段であると著者は考えます。そして，これこそが，メディアが報じるべき大義ある**内容**であると提言します。マス・コミュニケーションにおいては，〈理解より，解決！〉できる報道**内容**を期待しています。

　改めて，自身ががんに侵され，医療問題に取り組んでいて，つくづく考えるのですが，医者なら，患者の病気に〈理解〉を示しても，〈解決〉策，つまり治療法を示せなければ，失格とみなされるでしょう。ところが，ジャーナリストや学者には，〈理解〉だけで成立している業績が如何に多いことか。少なくとも臨床社会学者というからには，目の前の社会病理に対しては，正解ではなくとも，必ず処方箋を切るべきだと考えます。

（参考資料：「ブラックアウトと嘲笑──テロ抑止をめざす，臨床メディア論」(2009年度日本マス・コミュニケーション学会春季研究発表会ワークショップ企画・問題提起者：前田益尚，2009年6月7日，於：立命館大学))

　上記の問題提起をしたワークショップでは，参加して頂いたジャーナリズム論がご専門の某大学名誉教授から，学会後に丁寧な書簡を頂きました。文面の要旨は，以下の通りです。

「ふらっと入ったワークショップでしたが，(内容の是非はともかく？)どの様な無理難題にも，必ず解決策を出そうともがく前田先生の姿勢には感銘を受けました。」

　物議を醸す極論でも，大学同様，思想の自由市場たるべき学会では提案してみるものです。内容は仮説ですが，ここでマス・コミュニケーションの受け手に体得して欲しいのは，読み解くリテラシーの地平に，本質を見抜く直観リテラシーを駆使した〈理解より，解決！〉という思考回路です。

　前田研究室では，学生たちにメディアで未解決の時事問題を提起してもらい，全員で検討します。結果，正解でなくとも，ゼミの時間内に解決策をまとめることにより，各自が脳の思考回路に，直観リテラシーを実装してゆくのでした。

そして，報道内容の進化を望む

　9・11以降，メディアで活動**内容**を宣伝しながら拡大したテロ集団に，ISIL（Islamic State in Iraq and the Levant）と呼ばれる組織がありました。しかし現在，マス・メディアは合理的に機能して，報道**内容**を沈静化させています。結果，テロリストたちの発信**内容**をアナーキーなネットの言論空間に封じ込めれば，万人が聴く耳を持つという最悪の事態は避けられたのです。衝撃的であった欧米人や日本人ジャーナリスト

の処刑**内容**も,もはやテレビで取り上げられることもなくなり,犠牲者を追悼する**内容**も,繰り返し放送されることがなくなり,テロリストたちを満足させることはありません。

　無自覚だとしても,送り手側にも(民衆)理性が働き,報道**内容**が自然淘汰され(抑えられ)て,テロリストのやり甲斐を削いでいるのだとすれば,著者はその方向性を支持します。

Chapter 4

そして,
使いやすい受け手論

1〜3章では,われわれ受け手が,マス・コミュニケーションの末端で,リテラシー(読み解き能力)を稼働させる前提条件を押さえてきました。

　4章では,見えやすくした送り手論,メディア論,内容論を踏まえた上で,受け手のあり方,あるべきヴィジョンを提示します。

教養としての直観リテラシー

　マス・コミュニケーションの過程で,直観リテラシーが,受け手によって編み出される動機づけを,まずは解説してみましょう。例えば,テレビ視聴者の多様な反応,つまりリテラシーの様々な発露が生まれる感情です。**図 - 2**で著者が提示した"喜怒哀楽"というセンチメンタルな4様相は,わかりやすくそれぞれに共感・共鳴しやすいでしょう。

　例えば,テレビ番組を視ている時,絶対的に肯定して喜ん

図 - 2　直観リテラシーを編み出す動機づけ

で見ている内容もあれば，絶対的に否定して怒りの矛先になる内容もあるでしょう。さらに，番組の"やらせ"に気づいて哀しい気持ちになるように，相対的に突き放して否定する見方もあるでしょう。しかし逆に，"やらせ"すら織り込み済みだと相対化でき，肯定して楽しめる見方ができるケースもあるでしょう。つまり，感受性の違いが，直観リテラシーを編み出す単純な動機に色分けできます。

　著者が学部学生であった1980年代，映画研究の世界では，名作と言われた作品をすべて観た上で，その批評もほとんどすべて読む事が可能でした。しかし，2018年現在，如何に熱心な映画研究者であっても，名作と呼ばれる作品をすべて観て，その批評まですべて読む事は不可能です。もしも観られたとして，もはや鑑賞という目線とはかけ離れた，AIにしか代替できないような分析作業に陥るでしょう。

　マス・コミュニケーション研究も然り。1980年代，研究史の初期は，気鋭の先行研究をすべて検証する事も可能でした。以降，百家争鳴の研究データが発表された現在，公平にすべてを網羅するには，AIか研究史という専門分野の学者に分業するより他はありません。

　結果，著者は教育現場においても，研究史という科目以外のマス・コミュニケーション論では，目の前にあるメディアとその内容を読み解く力という，学生たちに使えるリテラシーを啓蒙する授業が，教授者の務めであると考えています。

2018年2月,平昌(ピョンチャン)オリンピック直後,予想外の銅メダルを獲得したカーリング女子の活躍に,カーリング場や教室の問い合わせが殺到しているというニュースがSNS (Social Networking Service) にアップされました。これに対して,「メディアで脚光を浴びたら,すぐに飛びつく日本人はバカみたい。でも,その方が,楽しそう！」という趣旨のコメントがあり,そのコメントに対するイイネ！が一時期トップになったのです。

　結果論としてですが,「すぐに飛びつく日本人」が容認されたことになるイイネ！の山積は,決してメディアの送り手に従属するだけの受け手像ではありません。「日本人は,バカみたい。」など様々な批評精神のチャンネルを巡り巡って,素人ながら評論家のような見地から,「でも,その方が,楽しそう！」と肯定するという,達観の境地を表しているでしょう。

　「素人専門家」(lay expert) とは,患者としての場数を踏み,経験則を身に着けたプロ患者の存在を指す言葉でした。その存在は,時として,医療の専門家よりも適切なサバイバル術を体得し,指南できる人間として評されます（拙著『楽天的闘病論』2016, p.31.）。

　これを,マス・コミュニケーション過程における現代の受け手像にも援用できないでしょうか。いや,今ここにいる受け手たちの多くは,並み居る批評家より優れた批評精神を発

揮して，メディア対応している局面が見受けられます。それが，「民衆理性」という眠れる直観リテラシーの存在です。

眠れる直観リテラシーを起動させる背景には，第2章で見てきたように，メディアが不完全だからこそ，培われる時評の精神があると言えるでしょう。不完全なメディアで運ばれる不完全な内容を補完する（埋める）のが，末端にいる受け手の批評精神であるべきなのだと著者は考えます。

そして，適正な直観リテラシーによるメディア対応は，疑わしき内容に，冷や水をぶっかけるような異化効果もあるはずです。

日常で育つ直観リテラシー史

若者をモデルに，リテラシーが育成される過程を追ってみます。

学校で読み書き算盤(そろばん)を習っていなくても，解読・解釈・操作が簡易にできるリテラシーフリーのテレビは，多様な情報を一途にデリバリーしてくれます。安楽を追い求めるのが生き物の本性ならば，テレビに出会えば，必ず"ハマる"フリーライダーになるはずです。そこで，まずは「テレビの言う通り」信じる者が生まれます。視聴者は面倒くさい批評を求められることもなく，誰かにバカにされ耐えられなくなるまではその状態が続くのが自然でしょう。この時期は，周りもみ

んな未熟な視聴者ばかりで、意見交換できる行動範囲も公園の砂場くらいに限られています。ですからテレビの話で盛り上がるといっても、その内容を絶対的に肯定する"まねっこ"（模倣）くらいにしか発展しませんでした。

　何年か経って学校の教室へ入ると、テレビを前にして考え方のナビゲーターとなる教員が、声高に番組内容を批判する場面に出会いました。どうやら「現在のテレビ（番組）は、すべて正しいわけではない。時として間違っている」らしい。この空気の中では、時として番組内容を絶対的に否定しないとバカにされそうです。批判しないと頭が悪いと思われると思い込んだり、逆に批判していると頭が良いと思われると思い込む経験をします。この時期に、簡単なリテラシーの学習らしきものが、学校という上意下達の指導で始まりました。

　しかし、せっかく安楽なはずのテレビというメディアの内容に一々批判を加えなくてはならないのも、だんだん面倒くさくなってくるものです。かといって「テレビの言う通り」に戻るのはバカっぽい。「どうせテレビなんて全部ウソ」なんだから……と関心がなくなることも自明の理です。この時期は、世界に開かれて問題山積のテレビ番組より、自分の世界だけに閉じられるビデオ・ゲームに没頭しはじめたりします。

　ある日、たまたまカップルでテレビを見ていると、どう見ても"やらせ番組"に出くわしました。なぜか隣で見ている同

世代の彼女は全く疑っていません。完全に騙されています。"やらせ番組"に気づいて，多少の優越感を覚えるのは，「何がホントで，何がウソか，見破って楽しむ」構えからです。ここに至り，一人前の見破り師，直観リテラシーを駆使する「素人専門家」の誕生です。

　これらの様相は，寓話的な表現ながら，自らのテレビ体験学習史と呼べるようなものです。誰しも，テレビ体験を振り返ってみれば，若干は思い当たる節があるでしょう。現在，大半のテレビ視聴者は，多かれ少なかれ上記のような諸段階を経て，批評精神を成長させてきたことが回顧できるはずです。

　生まれた時からテレビがあり，生活の中で最もテレビ視聴に時間を割ける有閑層といえば，現代の大学生が挙げられるでしょう。彼らには，専門的な見物人養成の環境が整っているはずです。1998年10月，当時著者が教えていた法政大学社会学部の学生を対象に行った『既存メディアのイメージ調査』の内，「テレビを見物している時だけに得られた感覚」の項目から，本書の文脈に通じる代表的な回答を，段階別に抜粋しました。

　Ⅰ＝テレビに従う段階
　「頭がパーでも大丈夫だから安心。」(18歳)
　Ⅱ＝テレビに文句言う段階

「テレビ番組は送り手が考え，編集した番組を一方的に受け手へ送るため，受け手は無責任に『この番組はつまらない』と言い放つことができる。」（20歳）

Ⅲ＝テレビに無頓着な段階

「ただ見ていればいいだけだし，何か他の事をしながら見ることが許される。」（19歳）

「つけっ放しにしておいたため，偶然見てしまった番組が今まで気づかなかった自分の興味を引き出してくれた。」（18歳）

Ⅳ＝斜に構えてテレビを視る段階

「テレビは視聴率を取るための番組が主流である。キャスティングやドラマの話の流れは相当似通っている。ハイレベルの楽しさは得られない代わりに，あまりにはずすこともない。安心して見られる。」（18歳）

「ビデオ・ゲームは作り上げていく過程で（自分で）ヴィジョンを描いてしまう。テレビでは期待を裏切る結果が待っているかもしれない。」（20歳）

Ⅰ'＝確信犯としてテレビに従う段階

「小学生の時，野球中継を見て，ジャイアンツの原選手にあこがれて野球を始め，野球で中学へ合格しました。しかし，中学の時はアニメ『スラムダンク』の影響でバスケットボールに転向し，バスケで大学に合格しました。テレビの影響を受けなければ，大学へは行けなかったでしょう。」

(19歳)

(注:調査結果は,1998(平成10)年11月23日,第71回日本社会学会大会(於:関西学院大学)で発表しました。演題「情報行動における自律性と他律性の問題——既存メディアに対する受け手の愛着は退行なのであろうか——」。)

以上,どの様相に分けた意見でも,テレビは漫然とフリーライダーとして見ているだけでも効用がある可能性を述べています。大衆文化論の元祖,R. デニー(1957)は,このような楽観主義者たちを「見物純粋主義者」(spectator purist)として肯定的に評価しました。それぞれに見受けられるのは素朴なリテラシーですが,今後ひとつの見識と言える直観リテラシーとして発展させて行きます。

直観リテラシーの骨子

例えば,著者の不完全な授業で,開かれた内容ごとに,学生たちの反応を見てみましょう。授業後に提出されたミニレポートを読むと,大きく分けて,Ⅰ 納得,Ⅱ 反論,Ⅲ 無視,Ⅳ 嘲笑といったリテラシーのチャンネルを切り替えて書かれたというのが見て取れます。それに近い反応が,マス・コミュニケーションの各過程を経た帰着点にある受け手のリテラシー発揮の場面に見えてきます。

文学研究における読者論的批評（reader-oriented criticism）では，S. フィッシュ（1980）らが，「解釈のアナーキー」（極論として，聖典からテロ指令を読み解くなど）にならないよう，作者と共通コードを持ちながらも，独自の読みを展開できる読者像を示しています。その考え方を，マス・コミュニケーションの受け手像に適用すれば，Ⅰ従属，Ⅱ異議申し立て，Ⅲアパシー，Ⅳ穿ち（うが）といった4パターンのリテラシーが提案できました（後述の図 - 4）。それらを臨機応変に駆使すれば，送り手の操作からも逃れられるのではないでしょうか。

　マス・コミュニケーションの各過程は連動しながらも，最後に情報が読み解かれるポイントが受け手にあると考えた場合は，簡単な直観リテラシーの発揮が批評精神の発露となり，受け手優位という独自のヴィジョンが見えるのです。

　直観リテラシーのフル稼働が，マス・コミュニケーションそのものを否定しかねないシニシズム（冷笑主義）に陥らず，乗り超えて，達観，さらには積極的なニヒリズムとして，真の悟りになれるのか。常に虎視眈々とテレビを視る受け手像から，可能性を探ってゆきます。

受け手とは，無垢な存在なのか

　マス・コミュニケーションにおいて，送り手に対置される「受け手」とは，クラシックな社会学者K. マンハイム（1951）

が言う「甲羅のないカニ」のような無防備な存在なのでしょうか。

著者が大学受験生であった1980年代初頭，筆記試験において問題文を軽視しても出題者の心理（意図）を逆算する事によって，選択肢の中から正解を導き出そうとする予備校のテクニックを知りました（有坂誠人，1987）。これは，出題者に従属するしかない解答者という一方的なコミュニケーションの流れを逆転する画期的な方法だと飛びついたものです。コミュニケーションを逆転させる受験テクニックの成果は，著者が大学教員として生き残っていることで実証されているでしょう。そして，この逆転方法は，情報の一方的な片流れという宿命が批判されてきたマス・コミュニケーションの問題解決にも応用できるはずです。受け手が，送り手の意図を裏読みするなどの直観を駆使したリテラシーです。

著者が社会学部の学生になった1980年代，テレビドラマ『スチュワーデス物語』（TBS系列，1983.10～1984.3.）やB級ホラー映画をパロディとして受容する受け手像も提示されました

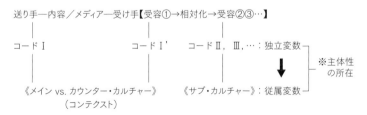

図 - 3　単純化（先鋭化）したマス・コミュニケーションの過程

（稲増龍夫，1985）。これらは，コミュニケーションの過程において，送り手が意図してメディアに載せた内容の意味を解釈した上で，その意図さえもより高い次元で笑いの対象にしてしまうなど，メタ受容する自律的な受け手像を例示しています。

　マス・コミュニケーション研究の初期では，効果と影響の研究が主流で，そこで設定された伝統的な「受け手」像とは，「送り手」に対して常に受動的で依存的であるという一義的な"劣等感"しか想定されていませんでした。

　しかし，文化研究（Cultural Studies）でマス・コミュニケーションを語る代表的論者S. ホール（1980）やD. モーレィ（1980）らは，送り手と違う文化的な背景を持つ受け手は，メディアにアップされた内容を，違う解読コードで受け取る可能性を示唆しました。当然です。われわれは，新聞記者やテレビのディレクターとは，異質な背景を持つ人間だと自負している受け手の方が多いでしょう。結果，現代のマス・コミュニケーション論で重要な特徴は，「受け手」像の多様化となりました。

　そして従来の「受け手」（receiver）という概念は，まとめて「聴衆」（audience），暗号を読み解くような「解読者」（decoder），文学作品を読書するような「読み手」（reader）といった多様な側面が考えられるようになったのです。受け手像の変容により，送り手に対する受け手の"劣等感"は解消してゆきます。そして，好きなように情報を受け取っては，好

きなように読める「主体性」(subjectivity) が認知されてきたのです。

しかし、この「主体性」は、元々、社会の中に位置する受け手たちが持つ「民衆理性」の中に眠っていたものなのでしょう。

> 「民衆を『受け手』として規定することは、民衆のバイタリティを送り手がみそこなうことになる。 …（中略）… 民衆を核として送り手の視点を構築し、上から下へという制度的なコミュニケーションを逆転させる方法は、日本において古くから定式化されてきた。それは『穿ち』という言葉にあらわされている方法である。」（山本明『反マジメの精神』毎日新聞社、1969年、p.188）。

ただ、マス・コミュニケーションの過程において、受け手は送り手と同じ文化的な背景も持ち合わせているからこそ、メディアに載せられた内容を、送り手の暗号コードと同じ様な解読コードで理解できるはずです。これが図-3の中の【受容①】に当たります。しかし、それだけでは一方的な送り手の考え方（イデオロギー）に受け手が支配されかねません。

そこで、現代の受け手、われわれは、【受容①】を行った上で、送り手を絶対視せずに突き放して、相対化できます。結果、受け手独自の文化的な背景で育まれた解読コードを使

い，勝手な情報の受け取りや自由な内容の解釈も始めたというのが，【受容②】に当たるのです。

> 「……情報の背後にある観念や感情が，送り手の意図した通りの刺激となるのではなく，受け手にとって重要だと考えられる部分を刺激の中心核として，送り内容それ自体が受け手によって再構成される…」（田中伯知，1990）

「受け手」は，《近代合理主義》の産物である効率的なマス・コミュニケーションの過程に安住（コードⅠ'→受容①）しながらも，決して絶対化せずに，時として突き放して相対化し，独自の読み取り（コードⅡ以降→受容②以降）を行うという「主体性」発揮の場面があるのでした。また，それが硬直していると批判されてきた片流れの一方向なマス・コミュニケーションというシステム自体を柔構造化（柔軟な回路に）しているとも言えるでしょう。そして，この《相対主義》とも言える柔軟性こそが，大げさな言い方をすれば，《近代合理主義》を乗り越えるポストモダンの方法論だと著者は考えています。

直観リテラシーの条件

「リテラシー」(literacy) という言葉は，「読み書き能力」と直訳されるように，元来文学（literature）の分野で使われ

てきました。現在は，読む・書くといったテクニックだけではなく，メディア作品全般に対する解釈や批評などをも含めた理解全般の意味を持ちます。

　では理解力を高めてゆく過程で，送り手と受け手，どちらが優位なのでしょうか？　これは，メディアを挟んでの文学の受容理論とテレビ批評に共通して考えられるテーマです。

　極力わかりやすくするために，単純化できる説を紹介します。文芸批評家E. D. ハーシュ（1969）は，"作者が先にありき"という作者中心主義を取りました。彼は，読むという行為は，作者が何を意図して，どのような意味を作品に込めたのか，それを読者が「解釈」させられることから始まると強調したのです。これはなにも，文学作品にのみ言えることではありません。テレビのスイッチを入れて画面に向かえば，報道番組にせよバラエティ番組にせよ，作り手，送り手がそこに込めた意図や意味を，われわれは「解釈」させられる視聴行為からはじまります。

　対してS. フィッシュ（1980）は，"読者が先にありき"という読者中心主義です。彼は，作品が世に出て作者以外の目に触れた以上，読者の数だけ「解釈」（読み方）が存在し得ると主張しました。番組も放送されて作り手以外の目に触れた以上，評価が分かれるように，最終的には視聴者の数だけ「解釈」（見方）が存在し得るのです。

直観リテラシーの基盤（一周目）

図 - 4一周目は，直情的な反応**図 - 2**によって培われた直観リテラシーの基盤です。

報道，バラエティ，スポーツ中継，ドキュメンタリー，ドラマ，ワイドショー等々，テレビ番組ひとつを取っても，多岐にわたるジャンルが存在します。そして，そのいずれの番組を視聴する時でも，当てはめることが可能な批評精神の拠り所が，リテラシーの基盤です。本書では，柔軟に駆使できる多様なリテラシーを編み出し，提言を試みます。

誰もがテレビ番組を視ている時に行う価値判断として，第一に，当該メディアの内容を肯定（pro）するか，否定（con）するかという究極の選択をタテ軸に据えます。さらに選びやすく考えれば，内容が好きか嫌いかの嗜好と同様です。

第二に，テレビというメディアとその番組内容を，絶対的に没頭して視ているのか，相対的に（冷静に）突き放して視ているのかで二極化できます。それをヨコ軸に設定します。絶対的とは，テレビだけに集中して内容に没頭して続けている場合もあれば，ながら視聴でも一瞬，内容に気を取られて物を落とすくらい没頭した瞬間の場合もあります。逆に，相対的といっても，最初から無視するのではなく，終始ながら視聴で点けっ放しのまま，テレビの存在を忘れてしまうなど

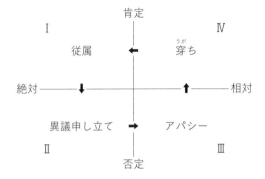

図 - 4 （受け手の）直観リテラシーの4様相

無自覚に冷めている場合もあるでしょう。しかし，視聴後に振り返ってみれば，誰もが大別できるのが，「絶対／相対」的な視聴態度だと著者は設定しました。

これらを二択の二元論とし，二つの座標軸をタテ軸とヨコ軸に組み合わせて出来たのが，**図 - 4** の様相論理（ポジショニング・マップ）で，直観リテラシーの基盤です。

4象限に現れたリテラシーを，ひとつひとつ解説してゆきます。

★象限Ⅰ：従属というリテラシー

送り手の意図した意味を，無批判に受け容れます。**図 - 3** では，【受容①】に相当します。受け手が解読に使用するコードは，送り手と同じコードⅠです。それは絶対的に肯定した見方なので，番組の内容および作り手，送り手に従属してい

るとも言えるでしょう。批評精神ゼロと言われても仕方ありません。

例えば、報道番組を視ている状況を想定してみましょう。「なるほど！ そうだったのか。」とコメンテーターの解説に終始素直にうなずく依存的で受動的な態度です。バラエティ番組を視ている状況なら、お茶の間で、家族みんな終始大爆笑が相当します。

★象限Ⅱ：異議申し立てというリテラシー

送り手の意図した意味を解釈した上で、批判に転じます。そして、象限Ⅰとは逆に、絶対的に否定した見方なので、異議申し立てを行うという批評精神は全開！ フルスロットルです。

図-3では、【受容①】に相当します。しかし、送り手がメディアに載せた内容を読み解くのは、送り手のコードⅠに重なりますが、受け手固有の解読コードⅠ'です。ただ、コードⅠ'を生み出す背景も送り手と重なり、**同じ土俵（コンテクスト）に立って喧嘩（メイン vs. カウンター・カルチャー／イデオロギー）**しているような様相です。

「このキャスターの言っていることは間違っている。」と怒り出す、「裸を出すなど俗悪番組だ。子供に悪影響を与えるから放送中止を！」などと、時には投書や苦情電話をしかねない能動的な態度です。

★**象限Ⅲ：アパシー（無関心）というリテラシー**

送り手の意図した意味を解釈はしたのですが，その結果諦め心地になります。絶対反対の熱い象限Ⅱに対して，やんわりと**相対**的に**否定**する見方なので，冷めた批評精神が見て取れるでしょう。

図‐3では，【受容②】に相当します。送り手がメディアに載せた内容を，受け手独自の解読コードⅡで読み解いた上で，**送り手が立つ土俵（コンテクスト）からは，離れ**ていきます。

「ど～せ，私には関係ない話。」と無関心な態度です。果ては，「テレビなんか，どうせくだらないから，もう見ない。」とスイッチを切る態度も考えられるでしょう。

> 「日夜テレビを賑わす『テレホンショッピング』のCM。もはや『テレビで言ってるんだから信用できる』といったような，テレビに対する盲信は消え，逆に『テレビの中のことは嘘である』という考え方へ転換しつつある。」
> （ナンシー関『何様のつもり』角川文庫，1997年，p.122.）

第2章「メディアの精細度」で例に挙げたように，映像技術が進歩すればするほど，凝った映像はすべてCG，すべて作られた虚構だと曲解されるケースがあります。送り手が進化すればするほど，受け手は冷めた進化を遂げて，お互い心

が離れてゆくケースもあるのでした。

　★象限Ⅳ：穿ちというリテラシー（穿ち：真相を見抜く）
　送り手の意図した意味を解釈した上で，その裏側さえ推測してしまうような一枚上手のメタ受容です。メディア側を突き放したような相対的な視点があるのに，内容は肯定するというひねくれた批評精神の発露とも言えます。

　図-3では，【受容③】以降に相当します。送り手がメディアに載せた内容を，受け手独自の解読コードⅢなどで読み解いた上で，送り手が立つ土壌（メイン・カルチャー／イデオロギー）からは離れて，<u>独立した土壌（サブ・カルチャー）を構築</u>していきます。

　「この男性キャスターと女性キャスターは，絶対デキてる！」とか，「おっ，これ絶対にやらせだろう。こんな素人いないよ。ほらほら。」などと送り手が意図した番組内容とは離れたところで，自律的に楽しんだりする態度です。

　　「たとえば昔からある，教育テレビの幼児向け番組のおねえさんをいやらしい目で見るとか，講座番組の先生をカルトなキャラクターとして珍重するなどの視聴法」（ナンシー関『聞く猿』朝日文庫，1999年，p.45.）

　本書の「はじめに」に挙げた著者の授業における学生の「先

生,（のどのがんで手術の後遺症があるのに,）声デカいなー！」という反応は,嘲笑というより,愛嬌も加味した関西風の半笑いです。授業内容と関係ない,でも一面の真相を照らしたまさに穿ったリテラシーの発露です。

　著者は,四者四様の直観を,《民衆理性》の発露と捉えています。そして,著者が考える直観リテラシーの基盤として,様相論理学に則り,ポジショニング・マップ（**図 - 4**）を作成しました。

　さらに,マップに書き込まれている四つの矢印（➡）の意味を説明します。ひとつの象限のリテラシーしか駆使できない受け手では,送り手が操作しようと考えれば,視聴態度をロックオン（捕捉）できます。いつも象限Ⅰのリテラシーしか駆使できない受け手は,安定顧客。いつも象限Ⅱの受け手は,クレーマーなのでクレーム処理の対策を立てられます。いつも象限Ⅲの受け手は,テレビをあまり視ないので,ずる賢い送り手なら,ネットに情報を流して誘導します。いつも象限Ⅳの受け手は,バカにされても視てくれるので,送り手もNG集や楽屋話,メイキングなどを流して居直れます。

　結果,受け手サイドに立つ著者が考える主体的な視聴者像とは,（教えている多くの学生がそうであるように,）番組,いやコーナーごとにでも「Ⅰ → Ⅱ → Ⅲ → Ⅳ → Ⅰ'」と自らのリテラシーのチャンネルを切り替えながら視ることのできる「素人専門家」を指すのです。もうすでに,現代の視聴者,その

多くが無意識にでもリテラシーのチャンネルを切り替えはじめているとしたら，簡単な直観リテラシー基盤は，受け手の脳内に確実に構築されているのでした。

> 「ドラマというのは，身も心も全て委ね，1時間なら1時間，世界観を共有するくらいの気持ちで浸ってこそ本道。とは言え，大人になるとこれはかなり難しいと思う。不可能に近いが。理想論みたいなもんである。」（ナンシー関『何がどうして』世界文化社，1999年，pp.186-187.）

ナンシー関の胸中吐露は，ドラマを視るなら虚構と割り切って没頭したいが，穿ちのリテラシーが首をもたげてアラが見えたり，従属しきれない多くの視聴者「素人専門家」のジレンマを代弁しています。

直観リテラシーが築く！ 受け手文化

図-4の4象限に布置した受け手の直観リテラシーは，何度も使ううちに，臨機応変に使い分けられ，ケースバイケースで使いこなせるようになるでしょう。各象限のリテラシーは，二回目もしくは二周目以降に使いこなしてこそ，成長してたどり着く境地があります。

受け手の直観リテラシーが，民衆理性の発露だとすれば，

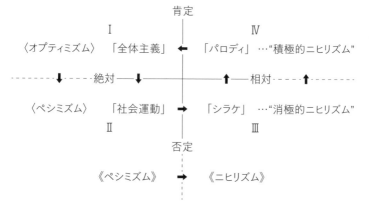

図 - 5 （文化を築く）時代精神の 4 様相

その集大成として，マス・コミュニケーションの送り手が仕掛ける文化とは，違う文化を築くはずです。**図 - 3** において，受け手が独自のコードⅡ以降（独立変数）で，メディアの内容を読み解いた結果，構築されたサブ・カルチャー（従属変数）です。

図 - 5 で，前回の東京オリンピックイヤーに生まれた著者が検証可能な時代を考察してみましょう。

★象限Ⅰ：全体主義

例：1940年代／ファシズムが台頭した時代。

送り手に従属するという受け手のリテラシーは，送り手の「宣伝」や，より深層心理に響く政治や思想の宣伝「プロパガンダ」など，受け手操作を可能にさせてしまいます。結果，

多くの受け手を送り手が支配する体制を築いてきました。受け手の大勢にあるのは、送り手を絶対的に肯定した大衆心理なので、世界ではどんな形であれ、独裁国家に見受けられる状態です。

現在の日本でも、カリスマ政治家が街頭演説に登場したシーンを思い出してみましょう。集まった大勢の市民が拍手喝采して、「彼（彼女）の言う通り。すべて正しい。」と素直に納得する依存的で受動的な雰囲気です。それはまさに、受け手全体が、送り手に束ねられる全体主義の様相なのです。でも、参加者には、幸か不幸か楽観的な空気（オプティミズム）が蔓延しています。

★象限Ⅱ：社会運動
例：1960年代後期／対抗文化の兆しが現れた時代。

送り手に対する受け手の異議申し立てというリテラシーが、欧米からはじまったスチューデント・パワーなどを経由して、日本でも学生運動につながります。グローバルには、ヒッピー・ムーブメント、フリー・セックス、そして自由ラジオといったマス・コミュニケーションに対抗するまさに自由な意思表明が試みられました。送り手と受け手は、時と場面によっては闘争モードです。受け手に蔓延するのは、送り手を絶対的に否定する気運なので、社会運動として確固たる意思表示をしたり、改革の時代精神が見られます。

現在でも,「こんな政治家たちが行う政策は,間違っている。」と怒れる能動的な国民が結集し,国会議事堂にデモ隊でも押し掛けようものなら,この様相でしょう。ただ,運動で具体的な成果が得られないケースも多く,悲観的な空気(ペシミズム)が蔓延することもあります。

★象限Ⅲ:シラケ
例:1970年代／社会に無関心といった精神構造が,大衆に蔓延した時代。

受け手のアパシーというリテラシーですが,送り手とは対決せずに,**相対**的に**否定**する段階だと言えます。「政治に関わるなんてバカらしい。われわれには関係ない。」といった空疎な国民が趨勢となれば,この様相です。

ただ,送り手と受け手が断絶せずに社会を成立させるには,よく言えば,お任せの名望家民主主義に落ち着くこともあります。それは,必ず無投票で地元の名士に決まる町内会の会長(名望家)などでしょう。名望家による小さいサイズの組織運営は,現在でも見受けられるのです。

この様相は,悲観的というより,消極的ながら参加者たちの達観に近い気持ちの表れ(ニヒリズム)ではないでしょうか。

★象限Ⅳ:パロディ
例:1980年代／なんでも,お笑いの対象にできる時代に。

送り手の存在は肯定しているものの，相対的に突き放した見方をする受け手は，送り手の意図通りには反応しません。現在でも，政治家のモノマネなどと，政策とは全く関係ない見た目ばかりに注目する国民の輪から，自律的にブームが盛り上がってしまったら，この様相です。

　この穿ちという受け手の裏読みリテラシーに対しては，送り手が楽屋オチなど虚実入り乱れたメタフィクションでつながってきます。

> 「さんまはしばしば番組の中で『トークのハウツー』を教授する。後輩や若手に対して，『どうしてそこでもひとつボケへんねや』とか『今のはグーよ』などと，レクチャーしている風景はすでにおなじみだ。（中略）視聴者はそんなハウツーによるトーク教室みたいな状況をおもしろがっているけど，これもネタばらしというか楽屋オチの一種ではある。」（ナンシー関『秘宝耳』朝日文庫, 2002年, p.95.）

　受け手は送り手のモノマネをして楽しみ，送り手は楽屋オチをして楽しむ。この様相では，両者が積極的に達観の境地（ニヒリズム）に進化しようとしているのではないでしょうか。

　以上のように，1980年代までで，使えるリテラシーの雛型

（お手本）は，一セット出揃ったと著者は考えています。なぜなら，日本の場合，時代精神の発展を下支えする経済が安定成長期と言われたのは，1990年までです。以降，失われた20年と呼ばれています。

そして，上記の4象限は固定した時代精神ではなく，変幻自在に推移してきました。では図に書き込まれてある矢印（➡）が，なぜ必要だったのでしょうか。そのメカニズムを説明します。

矢印は，ひとつの段階に市民や国民の精神が固まるような硬直した社会構造を，柔軟に変えるためのはけ口，もしくは突破口です。これまで検証してきたように，象限Ⅰに澱む受け手の大衆心理は，社会体制のいいなりです。象限Ⅱに澱む大衆心理は，社会体制を壊すだけで，戦争状態になればハイリスクです。象限Ⅲに澱む大衆心理は，社会体制を脱力させますが，何も生みません。経済界の生産力までダウンさせるでしょう。象限Ⅳに澱む大衆心理は，社会体制を解きほぐした果てに，柔構造の新体制を生む可能性を秘めているのです。

マス・コミュニケーションの受け手であるわれわれには，目の前にある社会問題ごとに対応を切り替える理想上の**聖徳太子のような**情報処理が求められると著者は考えます。それを，「Ⅰ→Ⅱ→Ⅲ→Ⅳ→Ⅰ'」と簡単な直観リテラシーの推移で示せば，誰もが身近な反応の作法として，習得可能でしょう。

★Ⅰ⇒Ⅱ：受け手の送り手化

マス・コミュニケーション研究の初期，受け手が劣等感を脱するには，送り手になるしかないという考え方が展開されてきました。現在のネット社会は，それを具体化しています。でもそれは，マス・コミュニケーションの問題点をすべて解決したユートピアだったでしょうか。第1章を参照して下さい。

★Ⅱ⇒Ⅲ：相対主義

日本では，学生運動の挫折などを経て，送り手と闘争する方向性は，リスクが高すぎると受け手も直観できれば，戦いは鎮まります。その後，ひとつの方向性は，どうせ反対しても何も変わらないというシニシズム（冷笑主義）になります。もうひとつの方向性は，変わらなくても構わないという諦観（あきらめ）です。いずれにしても，否定しながらも，突き放した境地を何周もめぐって，受け手が送り手から何を仕掛けられてもニヤリとかわせる消極的なニヒリズムの境地にたどり着ければ，「素人専門家」を超えて哲人の域になれるでしょう。

★Ⅲ⇒Ⅳ：サトリ

諦めるという消極的な態度より，送り手の意図すらもてあそぶ達観の（高みに立つ）姿勢です。突き放しながらも現状肯

定してしまう境地を何周もめぐって,「素人専門家」から,ええかっこしいのスノッブなスタイルにも見えますが,積極的なニヒリズムの境地にたどり着ければ,それはそれで哲人の域だと言えるでしょう。

> 「(わざとらしいCMを指して,)かつて戦略や方針を見破られることは,すなわち『失敗』だったはずなのに,最近は知ってか知らずかあからさまに自己申告にそのまま乗ってしまうことが多いと思われてならない。」(ナンシー関『何の因果で』角川文庫,1995年,p.59.)

受け手も送り手も,手の内を明かしてええかっこしているスノビズムが,資本主義の象徴でもあるCMに表れているのは,日本の成熟を意味しているのでしょうか,退廃を意味しているのでしょうか。いずれにしても,独自の文化です。

様相論理(ポジショニング・マップ)上のさらに続きにあるⅣ→Ⅰ／Ⅰ'の回帰とは,何を意味しているのでしょうか。

★Ⅳ⇒Ⅰ':悟りの境地

あえて,没頭する境地。よく言えば,名作映画に感情移入しているような瞬間です。もっと軽い場面なら,流行に乗せられる瞬間です。本章の冒頭に挙げた,平昌オリンピックで

活躍した女子カーリングに影響されて、一時だけカーリングを楽しむ市民。

　流行に踊らされているというより、一時だけ踊りに行っている！ ディスコ野郎（著者の予備校生時代）に、著者はサトリを感じるのでした。

　　「商品名を織り込んだ歌に合わせてダンスするヤツ。このダンス、ダンス的にはどうか知らないがとにかく毎回振りがでかい。（中略）あのダンスを見ると、（中略）関節がきしむ。血圧もちょっと上がってるかもしれない。完全に同調している。私はあの瞬間、一緒に踊っているのかもしれない。」（ナンシー関『何だかんだと』世界文化社、2001年、p.106.）

　「テレビの言う通り」と盲目的に従属していた幼い段階において、時間・空間的に手の届かない社会情報の多くは、解読・解釈・操作の最も簡易なメディアであるテレビから与えられていました。リテラシーの未熟さが、そうせざるを得ない依存性の視聴者心理を醸成していたのです。しかし、異議申し立てというリテラシーの獲得段階、さらにアパシーというリテラシーの段階、そして穿ちというリテラシー到達段階も経験・学習した世代は、チャンネルを捻るように自在に様相を切り替えることが出来る「素人専門家」になっているは

ずです。

　ただ，チャネリングするのも面倒くさくなってくると，今度は映画やドラマに感情移入をするように，読み切りでテレビ画面を凝視する受動性の視聴者心理が再燃することもあるでしょう。しかし，「分かっていて，敢えてハマる」様相は，「テレビの言う通り，ハマる。」様相への逆戻りとは違います。確信犯的な従属段階へと階梯を上って（ランクアップして）の回帰なのです。ドラマに没頭できるのは，理想論だと前出のナンシー関は断じましたが，できるひとはできるはずです。映画の名作に涙するように。

　すると，未だ象限Ⅰに澱んだままの周回遅れの視聴者層とⅠ'に回帰してきた視聴者層が同じ番組を見るという重層的な現実に直面することになります。しかし，Ⅰの視聴者たちに盲目的な従属を強いるくらいの依存性のある内容でなければ，一時的な受動性を求めてⅠ'へ回帰してきた確信犯的な従属リテラシーを獲得している者たちは，カタルシス効果（catharsis effect）を得ることができません。

　<u>暴力シーンやエロ描写に悪影響を受けて犯罪を起こしかねないのがⅠの視聴者像で，欲求のはけ口にできるのが一周回ってきたⅠ'の視聴者像</u>です。ここにテレビをめぐる有害 vs. 有用論争の起きる火種があったのです。

個体発想が，系統発想をなぞるとしたら……

　受け手の直観リテラシーの様相も，ポジショニング・マップに，この先もうひとつ時間軸という補助線を加えることによって，時系列で螺旋状に発達段階が登り成長してゆく方向性を想像することが出来るでしょう。

　生物学では，個体発生は系統発生をなぞるという考え方があります。哺乳類も受精卵からの成長過程で，進化論の道筋である魚類や両生類の一部特徴を経て，やがて脊椎動物の形を成すのでした。よって人間個体の受精卵も，地球上で生命発祥から人類になるまでの進化の系統と同様の道筋をたどり，赤ちゃんの形になるという説です。

　ならば，個人の肉体に宿る精神の成長も，人類が織り成す時代精神の歴史と同様の変化をなぞると想像できます。その結果，われわれ受け手が個別に発想できるリテラシー進化は，これまでの時代精神の変化とシンクロするという見方もできるはずです。あくまで思考実験ですが，結果が使える発想なら，われわれには意志がありますから，時代に合わせて過去の運動でも風刺でも，活用できるはずです。

　生まれた時から家庭にテレビがある世代でも，初見から多様なテレビの見方をしているわけではないでしょう。今や義務教育においてもメディア・リテラシーの体得が課題とされ

ています。本書でも,「従属」,「異議申し立て」,「アパシー」,「穿ち」といった直観リテラシーを提言してきました。それらを駆使しながら,個人に積み上げられてきた受動的／能動的経験と学習の段階に則して,批評する芽が吹き,批評眼が研かれ,社会に馴染んでいくのです。

初めてテレビを見た人が,いきなり番組のやらせを見破り,俗悪番組に対して怒りを覚えるといった**発想**は出てこないでしょう。視聴者として生まれたての無防備な時期は,テレビの情報を,送り手の意図通り鵜呑みにするリテラシーしか発揮できません。しかし,そのままでは,E. D. グリン (1956) の言う,おっぱいを吸う(に頼る)乳児のような口唇的性格に基づいた依存的で受動的な本能によるテレビ視聴が固定してしまい,いつまで経っても未熟なパーソナリティであると診断されるのでした。

ですから,送り手に対して従属したリテラシーを駆使していた視聴者心理も,自らの経験則に照らして成長してゆくうちに,多くの視聴者たちが,多種多様な**発想**を持つようになるでしょう。結果,番組内容を否定したり,送り手の意図を相対化して楽しんだり,好き勝手にテレビを見られるようになるはずです。

図-4と**図-5**における様相論理(ポジショニング・マップ)を重ね合わせてみれば,一個体の視聴者が有するリテラシーは,時代ごと系統的に発達してきた大衆心理・文化の様相を,

経験と学習の各段階で反復できる可能性を示しています。テレビの見方など，1パターンのリテラシーによるひとつの発想だけで固定化するものではありません。一人の視聴者の**発想**が，テレビとの相互作用の過程において，結果として進化してきた大衆の**発想**を倣(なら)うことができるとも想像できます。そして，受け手という受け身の立場でも，直観リテラシーを切り替えれば，理想上の聖徳太子のような情報処理ができるはずなのです。

テレビというユートピア

テレビを視るには，大人になってからの外国語習得や運転免許取得のような難解なリテラシーは要求されません。マス・メディアを，異文化間交流のツールにしたり，車を運転するように自在に操ろうとさえ思わなければ，テレビの解読に難解さは伴わないはずです。それに，ディスプレイという窓から身を乗り出してまで必死に情報をつかみ取ろうとするCMC（Computer Mediated Communication）に対応しなくても，テレビという枠の窓は見切れないほどの情景（情報の風景：info-scape）をタダ同然で見物させてくれるのです。ありがたいことです。

だからといって，既存のテレビというメディアに対する愛着が（幼児への）退行であるとも言えないでしょう。それが

発達した直観リテラシーを駆使した結果（**図-4：象限Ⅰから一周回ってⅠ'への回帰**）であれば，たとえハマッてしまったとしても，番組の放送時間が終われば，すぐに醒めるはずです。

ハマッたり，飽きたりと，変節著しいリテラシーと大衆心理を照らし合わせてみると，個人も大衆も築かれた文化も，寝ても覚めてもの繰り返しです。**図-4，図-5**どちらにおいても，象限Ⅰは視聴者ないしは大衆が，ファシズムに浮かされたように催眠をかけられた段階，象限Ⅱは学生運動に参加するような自然に覚醒した段階，象限Ⅲはヤル気の起こらないうつ段階，象限Ⅳはから騒ぎする躁段階，さらに階梯を上って象限Ⅰ'は，やっぱりドラマに感情移入してみる自己催眠をかけた段階という風にも比喩できるでしょう。特にテレビに対しては，病的な依存（addiction）ではなく，成長するために必要な愛着（attachment）のスタンスで。

では今後，われわれは何を引き金にハイとダウンを繰り返して，回帰したり周流したり循環して行くのでしょうか。そして，簡単に四つに分けた直観リテラシーは，自分でコントロールできるのでしょうか。

テレビに向かって高みの見物を決め込んでいる「素人専門家」たちには，心配ご無用です。Ⅰ'，Ⅱ'と二巡目の様相を想像してみても，視聴者ひいては大衆の主体性が発揮されていくような進化のヴィジョンが見えています。一方的に，テレビに踊らされていると批判されていたのも今や遠い昔，す

くすく成長してきた直観リテラシーを有する人々は，ハマりたい時にだけハマって，怒りたい時にだけ怒って，消したい時は消して，踊りたい時だけテレビに合わせてノリノリで踊っていられるご時世（時代精神）になっているはずなのですから。

　技術革新，科学の進化と同時に，時間的展望が不可逆的であるとするならば，簡単な直観リテラシーは螺旋階段を周流しながらさらに発達し，手持ちのカードとして直観リテラシーを増やしていくでしょう。その地平に，直観リテラシーが反復（後追い）できるような健全なサブ・カルチャーが進化しているのでしょう。

> 「現代の民衆は専門的見物人としての見物習慣ともいうべきものを身につけている。」（加藤秀俊『テレビ時代』中央公論社，1958年，p.42.）

> 「先輩の結婚式のビデオは退屈なのに，会ったこともない芸能人の結婚式中継にチャンネルを合わせるのは見世物だからだ。」（ナンシー関『何の因果で』角川文庫，1995年，p.89.）

　老練な社会学者である加藤秀俊，気鋭のテレビ・ウォッチャー故ナンシー関に続き，極論社会学者の著者は，"高み

の見物"という言葉が，直観リテラシーの進化が到達した神髄をひと言で表していると考えます。

直観リテラシーを研く実習

　学生たちに，リテラシー教育と称して，いちいちニュースの情報源を確認するよう指導したところで，実践させるのは物理的にも不可能です。専門家に委ねるしか，時間も労力も注げません。そこで大学では，フェイクニュースを瞬時に見破る直観を鍛えなければならないと著者は考えています。

　その実験室が，授業を行う教室なのです。授業後に提出してもらうミニレポートにおいて，教壇に立っていた著者に，ちゃちゃを入れることで，簡単に直観リテラシーを研くことができます。そのために著者は，自身がアルコール依存症者（自分の意志ではどうにもならない脳のコントロール障害という精神疾患の当事者）で，回復者であることなど，プライバシーをなんでも開示しています。その他のエピソードは，社会学芸人だと自負している著者が，話も盛ります。それを見破り，ツッコんだり，見事に茶化せたミニレポートには，見巧者の劇通だと評価して，成績にボーナスポイントを与えると公言しているのでした。

　そして，授業以外で，直観リテラシーを鍛えるには，テレビにツッコむ習慣をつけるのが機能的です。

そんな簡単なリテラシー教育を受けた次世代なら，世界的な宗教指導者がトランプ支持を表明したなどというフェイクニュースには，即座に，そんなアホな！ とツッコめる直観を実装できているはずです。直観リテラシーとは，授業でシミュレーションを重ねるなど，数値化できない経験値をデータ（論拠）にして編み出せるものだと著者は考えています。

相手の手の内を見破る超人棋士，羽生善治は「直感は経験で磨く」，「直感を信じる」と言い切っていました（『プロフェッショナル 仕事の流儀』NHK，2006年7月放送）。

マス・コミュニケーションの過程において，送り手の手の内を見破れる受け手になるために，著者は羽生名人の考え方をなぞって「直観は経験で研き，その直観を信じろ！」と授業で学生たちに挑発しています。

そして，直観リテラシーが，テレビを視る時の"たしなみ"（心得）となる事を願っています。

注

本書は，著者の口頭発表（以下）を叩き台に，大幅に加筆・修正したものです。

2018年度日本マス・コミュニケーション学会春季研究発表会報告（2018.6.23. 於：学習院大学）演題「マス・コミュニケーションを構成する各過程の単純化論考──より簡単に使えるリテラシーを広めるために──」前田益尚（近畿大学）

学会プログラムと発表要旨（http://www.jmscom.org/event/annual_

meeting/18spring/18spring_program.pdf）
大会の『研究発表論文集』（http://mass-ronbun.seesaa.net/），前田益尚「マス・コミュニケーションを構成する各過程の単純化論考——より簡単に使えるリテラシーを広めるために」（http://mass-ronbun.up.seesaa.net/image/2018spring_E3_Maeda.pdf）

あとがき

　この本の章立て，そのアイディアを最初に閃かせて下さったのは，我が師，法政大学社会学部教授の稲増龍夫先生でした。当時，法政大学社会学部兼任講師だった33歳の著者に，マス・コミュニケーション論の専門書を共著で書こうとお誘い下さり，出版社も決まって構成を任されました。しかし，その頃，自分の意志ではどうにもならない脳のコントロール障害であるアルコール依存症が発病して，治療のきっかけさえ見つからずに喘いでいた著者（拙著『楽天的闘病論』参照）は，章立てと構成まで考えたものの，内容を書き上げる前に頓挫してしまいました。師匠と出版社には大迷惑をお掛けして申し訳なく，いまも悔やんでおります。

　それから20年超が経過しました。2018年現在，著者は自身のアルコール依存症を認めて治療につながり，回復して断酒４年目です。その間，メディア環境も進化して，章立てをより先鋭的にテレビ的に再構成して臨んだのが本書です。内容も概説というより，挑発的な啓蒙書に進化させました。それでも，４章立ての基軸は変わらぬこと，かつてアイディアを閃かせて頂いた師匠，稲増先生に改めて感謝申し上げます。

　啓蒙の書になったのは，著者の教壇経験からです。目の前の学生たちに，ただ累積されたマス・コミュニケーション論

の学説を説明するより，実践的なリテラシー体得のヒントを与えることが教授者の務めだと考えるようになりました。そこで心がけているのが，町の電気屋さんの姿勢です。テレビ論が中心の著者は，家電のほとんどを，町内にあるパナソニックのお店で買っています。店では，使い物にならない難解な説明書より，店主による簡素化された使い方だけの口頭説明を信頼しています。そして，「無理に売るな，客の好むものを売るな，客の為になるものを売れ」(『松下幸之助は私たちの中に生きている』PHP研究所, 2018年) という松下幸之助スピリッツは，著者が教壇から学生たちに仕掛ける直観リテラシー啓蒙の姿勢にも通じるのです。

　最後に，著者の近著『楽天的闘病論』に続き編集を担当して頂き，本書の構想から著者の全論文を洗い直す作業まで手伝って下さった気鋭の編集者，阪口幸祐氏には，感謝してもしきれません。もはやファミリーのような信頼感で出版をお願い致しました。快く編集を進めて下さった阪口氏の心意気で本書は完成致しました。本当にありがとうございました。さらに，本書のカバーも『楽天的闘病論』に続き，北村昭さんが，名は体を表すならぬ，カバーは中味を表す！ ポップなデザインを考案して下さいました。北村さんの《直観》による的を得た意匠に感謝申し上げます。

　　　2018年7月

　　　　　　　　　　　　　　　　　　　　　　　前田益尚

参考文献

はじめに

福澤諭吉『学問のすゝめ』岩波文庫，1942年．

前田益尚「メディア史の臨界点，テレヴィジョンの映像――マクルーハンを芸術と認知せよ」（大越愛子・清眞人・山下雅之編『現代文化テクスチュア』晃洋書房，2004年，pp. 131-143.）

――――「臨床テレビの福祉論――1床に1台，TVがある病棟と看護師への質的調査から――」（『文学・芸術・文化』第25巻第1号，近畿大学文芸学部，2013年，pp. 130-142.）

――――『大学というメディア論――授業は，ライヴでなければ生き残れない』幻冬舎ルネッサンス新書，2017年．

McLuhan, M., *Understanding Media, Extention of Man*, McGraw-Hill, 1964.（栗原祐・河本仲聖訳『メディア論』みすず書房，1987年．）

佐藤卓己『テレビ的教養――一億総博知化への系譜』NTT出版，2008年．

Simon, H. A., *The Sciences of the Artificial*, Second Edition, MIT Press 1982.（秋葉元吉・吉原英樹訳『新版　システムの科学』パーソナルメディア，1987年．）

第1章

Alterman, E., *Sound & Fury: The Washington Punditcracy & the Collapse of American Politics*, HarpC, 1992.

安藤仁朗「犯罪報道における受け手のニーズ――『異常』に対する認知的方向付け――」（『人間科学――社会学・心理学研究――』第38号，関西大学大学院社会学研究科院生協議会，1992年，pp. 1 -12.）

Cohen, D., *La Prosperite du Vice*. Albin Michel, 2009.（林昌宏訳『経済と人類の1万年史から、21世紀世界を考える』作品社, 2013年.）

Deleuze, G. and F. Guattari, *Rhizome*, Minuit, 1976.（豊崎光一訳『リゾーム』朝日出版社, 1977年.）

Enzensberger, H. M., "*Baukasten zu einer Theorie der Medien*," in Kursbuch 20, 1970.（中野孝次・大久保健治訳『メディア論のための積木箱』河出書房新社, 1975年.）

Foucault, M., *Surveiller et punir; naissance de la prison*, 1975.（田村叔訳『監獄の誕生』新潮社, 1977年.）

稲増龍夫『アイドル工学』筑摩書房, 1989年.

――――『フリッパーズ・テレビ　TV文化の近未来形』筑摩書房, 1991年.

小林宏一「メディア論の構築にむけて」(『情報通信学会誌』第43号（第12巻1号), 情報通信学会, 1994年, pp. 64-69.）

Lipnack, J. and J. Stamps, *Networking: The First Report and Directory*, 1982.（正村公宏監修, 社会開発統計研究所訳『ネットワーキング――ヨコ型情報社会への潮流』プレジデント社, 1984年.）

Lyon, D., *The Information Society-Issues and Illusions*, Polity Press, 1988.（小松崎清介監訳『新・情報化社会論』コンピュータ・エイジ社, 1991年.）

前田益尚「マス・コミュニケーション・プロセスにおける『受け手論』の地平――『受け手の優位性』論議をめぐって」(『年報社会学論集』第6号, 関東社会学会, 1993年, pp. 227-238.）

――――「マス・コミュニケーション総過程説に立脚した理論的探究――送り手論構築のための一考察」(『日本社会心理学会第36回大会発表論文集』日本社会心理学会, 1995年, pp. 212-215.）

――――「情報管理社会論序説――新しいコミュニケーション・システムにおける社会成員の情報行動と責任倫理」(『文学・芸術・文化』

第11巻 1 号，近畿大学文芸学部，1999年，pp. 89-105.）

──────「監視環境における自由な運動論──メディアの法律に先立つ，調べる者と知られる者の人間関係をめぐって──」(『文学・芸術・文化』第20巻第 1 号，近畿大学文芸学部，2008年，pp. 133-152.）

──────『楽天的闘病論──がんとアルコール依存症，転んでもタダでは起きぬ社会学』晃洋書房，2016年.

──────『大学というメディア論──授業は，ライヴでなければ生き残れない』幻冬舎ルネッサンス新書，2017年.

Morin, E., *Les stars*, Éditions du Seuil, 1972.（渡辺淳・山崎正巳訳『スター』法政大学出版局，1976年.）

中井正一『美学的空間』新泉社，1973年.

Orwell, G., *Nineteen Eighty-four*, 1949.（新庄哲夫訳『1984年』早川書房，1972年）

Pye, L. W.（edit）, *Communications and Political Development*, Prinston UP, 1963.（NHK放送学研究室訳『マス・メディアと国家の近代化』日本放送出版協会，1967年.）

Smith, A., *An Inquiry into Nature and Causes of the Wealth of Nations*, in three volumes, the fifth edition, London: printed for A. Strahan; and T. Cadell, in the Strand, 1789.（大河内一男訳『国富論Ⅱ』中公文庫，1978年.）

第 2 章

Einstein, A., *Zur Electrodynamik be wegter Korper*, Annalen der Physik, 1905.（内山龍雄訳・解説『相対性理論』岩波文庫，1988年.）

Eco, U., *Opera Aperta*, Bompiani, 1967.（篠原資明・和田忠彦訳『開かれた作品』青土社，1984年.）

Enzensberger, H. M., *Baukasten zu einer Theorie der Medien*, in

Kursbuch 20, 1970.（中野孝次・大久保健治訳『メディア論のための積木箱』河出書房新社，1975年.）

Feshbach, S. and R. D. Singer, *Television and Aggression*, Jossey–Bass Inc, 1971.

Fish, S., *Is There a Text in This Class?: The Authority of Interpretation Community*, Harvard UP, 1980.

Foucault, M., *Surveiller et punir; naissance de la prison*, 1975.（田村叔訳『監獄の誕生』新潮社，1977年.）

Gerbner, G. and L. Gross, *Living with Television: The Violence Profile*, Journal of Communication, Spring 1976.

Heisenberg, W., *Der Teil und das Ganze*, Piper, 1969.（湯川秀樹序・山崎和夫訳『部分と全体』みすず書房，1974年.）

Jauss, H. J., *Literaturgeschichte als Provokation*, Frankfurt, Suhrkamp, 1970.（轡田収訳『挑発としての文学史』岩波書店，1976年.）

加藤秀俊『テレビ時代』中央公論社，1958年.

McLuhan, M., *Understanding Media, Extention of Man*, McGraw-Hill, 1964.（栗原祐・河本仲聖訳『メディア論』みすず書房，1987年.）

前田益尚「マス・コミュニケーション・プロセスにおける『受け手論』の地平——『受け手の優位性』論議をめぐって」(『年報社会学論集』第6号，関東社会学会，1993年，pp. 227-238.）

─────「『開かれたメディア』考——新しいマス・メディアの理論構築をめざして」(『情報通信学会年報』5，情報通信学会，1995年，pp. 51-61.）

─────「メディア・リテラシィと批評——TV番組は文芸作品を超えられるか」(大越愛子・堀田美保編『現代文化スタディーズ』晃洋書房，2001年，pp. 192-201.）

─────「メディア史の臨界点，テレヴィジョンの映像——マクルーハンを芸術と認知せよ」(大越愛子・清眞人・山下雅之編『現代文

化テクスチュア』晃洋書房，2004年，pp. 131-143.）

――――『大学というメディア論――授業は，ライヴでなければ生き残れない』幻冬舎ルネッサンス新書，2017年.

Schivelbusch, W., *LICHTBLICKE, Zur Geschichte der Künstlichen Helligkeit des 19*, Carl Hanser Verlg, 1983.（小川さくえ訳『闇をひらく光』法政大学出版局，1988年.）

第3章

Klapper, J. T., *The Effects of Mass Communication*, 1960.（NHK放送学研究室訳『マス・コミュニケーションの効果』日本放送出版協会，1976年.）

Lazarsfeld, P. F., Beleson, B. and H. Gaudet, *The People's Choice: How the Voter Makers Up His Mind in a Presidential Campaign*, Columbia UP, 1948.（有吉広介監訳, 田中伯知ほか訳『ピープルズ・チョイス――アメリカ人と大統領選挙』芦書房，1987年.）

前田益尚「メディア・リテラシィと批評――TV番組は文芸作品を超えられるか」（大越愛子・堀田美保編『現代文化スタディーズ』晃洋書房，2001年，pp. 192-201.）

――――「アンチテーゼとしてのジャーナリズム論（上）――ある制度的小集団における異化政策」（『マスコミ市民』第412号，NPO法人マスコミ市民フォーラム，2003年，pp. 66-71.）

――――「アンチテーゼとしてのジャーナリズム論（下）――ある制度的小集団における異化政策」（『マスコミ市民』第413号，NPO法人マスコミ市民フォーラム，2003年，pp. 76-81.）

――――『楽天的闘病論――がんとアルコール依存症, 転んでもタダでは起きぬ社会学』晃洋書房，2016年.

Marton, R. K., *Mass Persuasion*, 1946.（柳井道夫訳『大衆説得』桜風社，1970年.）

McCombs, M. and D. L. Shaw, *"The Agenda-setting Function of Mass Media,"* Public Opinion Quartely, Vol. 36, 1972.

第4章

有坂誠人『例の方法』学習研究社，1987年．

Arendt, H., *The Origins of Totalitarianism Part Three Totalitarism*, Harcout, Brace & World, Inc. 1951.（大久保和郎・大島かおり訳『全体主義の起源3』みすず書房，1974年．）

Certeau, M. D., *L'Invention du Quotidien l' Art de Faire*, U. G. E., coll.10/18. 1980.（山田登世子訳『日常的実践のボイエティーク』国文社，1987年．）

Deleuze, G., 1965, *Nietzshce*, Presses Universitaires de France.（湯浅博雄訳『ニーチェ』朝日出版社，1985年．）

Denny, R., *The Astonished Muse*, The University of Chicago, 1957.（石川弘義訳『ミューズのおどろき——大衆文化の美学——』紀伊國屋書店，1963年，pp. 142-162.）

Feshbach, S. and R. D. Singer, *Television and Aggression*, Jossey-Bass Inc, 1971.

Fish, S., *Is There a Text in This Class? : The Authority of Interpretation Communities*, Harvard UP, 1980.

Frith, S., Goodwin, A. and L. Grossberg (edit), *Sound and Vision: The Music Video Reader*, Routledge, 1993.

藤田真文「『読み手』の発見——批判学派における理論展開——」(『新聞学評論』37．1988年．)

藤竹暁『シラケ時代の文化論』学藝書林，1972年．

Glynn, E. D., *"Television and the American Character: A Psychiatrist looks at Television"*, Elliott, W. Y. (ed.), *Television's Impact on American Culture*, Michigan State University Press, 1956.（林進訳

「テレビジョンとアメリカ人の性格」，清水幾太郎監修『マス・レンジャー叢書』1巻，紀伊國屋書店，1961年.）

Hall, S., *"Encoding/decoding," in Culture, Media, Language*, London, Hunchinson, 1980.

Hirsh Jr, E. D., *Validity in Interpretation*, Yale UP, 1969.

稲増龍夫「メディア文化環境における新しい消費者」（星野克美編『記号化社会の消費』ホルト・サウンダース，1985年，pp. 149-200.）

今田高俊『モダンの脱構築』中公新書，1987年.

笠原嘉『アパシー・シンドローム——高学歴社会の青年心理』岩波書店，1984年，

加藤秀俊『テレビ時代』中央公論社，1958年.

Keniston, K., *Youth and Dissent*, 1960, （高田昭彦・高田素子・草津攻訳『青年の異議申し立て』東京創元社，1977年.）

小林盾「様相・行為・ルール」『ソシオロゴス』No. 16，1992年.

Lang, K. and G. E. Lang, *"The Television Personality in Politics: Some Considerations"*, Public Opinion Quarterly, Vol. 20, 1956, pp. 103-112.

前田益尚「現代メディア文化論序説——マスコミュニケーション・システムにおける受け手の自律化をめぐって——」成城大学大学院文学研究科修士論文，1992，

――――「マス・コミュニケーション・プロセスにおける『受け手論』の地平――『受け手の優位性』論議をめぐって」（『年報社会学論集』第6号，関東社会学会，1993年，pp. 227-238.）

――――「マス・コミュニケーション・プロセスにおける対抗文化論序説――現代の『送り手／受け手の関係性をめぐって』（『成城文藝』第144号，成城大学文芸学部，1993年，pp. 81-94.）

――――「マス・コミュニケーション・プロセスにおける『受け手の主体性』の所在」（『マス・コミュニケーション研究』44号，日本

マス・コミュニケーション学会，1994年，pp. 116-127.）

─── 「メディア・リテラシィと批評──TV番組は文芸作品を超えられるか」（大越愛子・堀田美保編『現代文化スタディーズ』晃洋書房，2001年，pp. 192-201.）

─── 「大衆心理とTV型パーソナリティ発達の諸段階」（『文学・芸術・文化』第13巻1号，近畿大学文芸学部，2001年，pp. 73-88.）

Mannheim, K., *Diagnosis of Time*, London, 1943.（青井和夫訳『現代の診断』みすず書房，1954年．）

Morley, D., *The Nationwide Audience: Structure and Decoding*, British Film Institute, 1980.

Nanba, K., *Comparative Studies in USA and Japanese Advertising during the Post-War Era*, International Journal of Japanese Sociology Number 11, 2002, pp. 56-71.

Nietzsche, F., *Der Wille zur Macht*, 1959.（原佑訳編『ニヒリズムの克服』人文書院，1967年．）

岡田直之「マス・コミ研究史ノート──大衆社会論的マス・コミ論と実証主義的マス・コミ研究」（『新聞学評論』26，日本新聞学会，1977年，pp. 106-126.）

─── 『マスコミ研究の視座と課題』東京大学出版会，1992年．

佐藤毅「もう一つの『受け手』論──戦略的メディア言説の読みをめざして──」（『新聞学評論37』日本新聞学会，1988年，p. 113.）

─── 『マスコミの受容理論──言説の異化媒介的変換』法政大学出版局，1990年．

竹内郁郎・児島和人編『現代マス・コミュニケーション論』有斐閣大学双書，1982年．

田中伯知「マス・コミュニケーション理論──受容過程分析への現象学的接近──」（『コミュニケーションと社会』芦書房，1990年，p. 110.）

Waugh, P., *Metafiction—the theory and practice of self-conscious fiction*, Methuen London Ltd., 1984.（結城英雄訳『メタフィクション――自意識のフィクションの理論と実際』泰流社，1986年.）

山本明『反マジメの精神』毎日新聞社，1969年.

《著者紹介》

前田 益尚 (まえだ ますなお)

近畿大学文芸学部准教授

1964年生まれ，滋賀県大津市出身
法政大学社会学部卒
成城大学大学院文学研究科コミュニケーション学専攻博士後期課程修了

法政大学社会学部兼任講師などを経て，現職

専門領域：メディア文化論

所属学会：

日本社会学会，関西社会学会，関東社会学会，日本マス・コミュニケーション学会，情報通信学会，日本社会心理学会，日本アルコール関連問題学会，関西アルコール関連問題学会

主な著作：
『大学というメディア論――授業は，ライヴでなければ生き残れない――』幻冬舎ルネッサンス新書，2017年
『楽天的闘病論――がんとアルコール依存症，転んでもタダでは起きぬ社会学――』晃洋書房，2016年
「メディア史の臨界点，テレヴィジョンの映像――マクルーハンを芸術と認知せよ――」（大越愛子・清眞人・山下雅之編『現代文化テクスチュア』晃洋書房，2004年，pp. 131-143.）
「メディア・リテラシィと批評――TV番組は文芸作品を超えられるか――」（大越愛子・堀田美保編『現代文化スタディーズ』晃洋書房，2001年，pp. 192-201.）他，論文多数

マス・コミュニケーション単純化の論理
――テレビを視る時は，直観リテラシーで――

2018年8月30日　初版第1刷発行	＊定価はカバーに表示してあります

著者の了解により検印省略

著　者　前　田　益　尚　ⓒ

発行者　植　田　　　実

印刷者　西　井　幾　雄

発行所　株式会社　晃　洋　書　房

〒615-0026　京都市右京区西院北矢掛町7番地
電話　075(312)0788番(代)
振替口座　01040-6-32280

装丁　㈱クオリアデザイン事務所
印刷・製本　㈱NPCコーポレーション
ISBN978-4-7710-3083-1

JCOPY〈(社)出版者著作権管理機構委託出版物〉
本書の無断複写は著作権法上での例外を除き禁じられています．
複写される場合は，そのつど事前に，(社)出版者著作権管理機構
（電話 03-3513-6969, FAX 03-3513-6979, e-mail: info@jcopy.or.jp）
の許諾を得てください．